Oliver Luksic

Die Angst-Unternehmer

Wie die neue Polarisierung die offene Gesellschaft gefährdet

wbg THEISS

Die Deutsche Nationalbibliothek verzeichnet diese Publikation
in der Deutschen Nationalbibliografie;
detaillierte bibliografische Daten sind im Internet über
http://dnb.de abrufbar.

wbg Theiss ist ein Imprint der wbg.

Die Herausgabe des Werkes wurde durch die Vereinsmitglieder der WBG ermöglicht.
Satz: SatzWeise, Bad Wünnenberg
Einbandabbildung: Trump & Greta © Miriam Jacobi
Einbandgestaltung: Fee-Gloria Groenemeyer
Gedruckt auf säurefreiem und alterungsbeständigem Papier
Printed in Germany

Besuchen Sie uns im Internet: www.wbg-wissenverbindet.de

ISBN 978-3-8062-0094-2

Elektronisch sind folgende Ausgaben erhältlich:
eBook (PDF): 978-3-8062-0098-0
eBook (epub): 978-3-8062-0101-7

Inhalt

Vorab

Die Welt wird immer komplexer, das Bedürfnis nach einfachen Wahrheiten wächst. Es scheint, dass die politische Mitte, die Grundlage stabiler westlicher Demokratien, erodiert und neuartige Formen des Populismus entstehen. Die offene Gesellschaft ist von Autoritarismus bedroht, der sowohl eine äußere als auch eine innere Bedrohung darstellt. Die großen Umwälzungen des frühen 21. Jahrhunderts wie Globalisierung, Digitalisierung oder Migration sind für viele Menschen mehr Bedrohung als Chance und lösen ein Bedürfnis nach Identität und Zugehörigkeit aus. Während die politische Debatte früher vom Gegensatz Kapital und Arbeit geprägt wurde, sind Klima und Migration heute die bestimmenden Pole. Dialog und Kompromiss werden immer schwieriger, wenn der Diskurs sich moralisiert und radikalisiert. Greta und Trump stehen stellvertretend für die neuen Angst-Unternehmer, die auf Empörung und Angst setzen. *„Entpörung" als rationale Distanz ist die notwendige Antwort.*

Die weit verbreitete Zukunftsangst, die heute westliche Gesellschaften zu belasten scheint, hat verschiedene Quellen. Einerseits werden Ängste in Sachen Umwelt und Klimazerstörung mobilisiert. Andererseits wird vor dem Ende des christlichen Abendlandes bzw. der eigenen Kultur gewarnt. Der Aufstieg der Einen bedingt ein

Erstarken der Anderen. Die politische Debatte dreht sich nicht mehr, wie noch im 20. Jahrhundert, um sozio-ökonomische Fragen. Stattdessen prägen kulturelle Streitfragen den öffentlichen Diskurs. Ob Gender, Migration, Klima oder Religion: Der von beiden Seiten beklagte Kontrollverlust führt zu parallelen Lebenswelten und einem aggressiven Diskurs, der keinen Dialog und Kompromiss mehr kennt. In diesen neuen Erzählungen werden Bürger zu Opfern, eine neue Empörungskultur entsteht.

Empörung ist kein guter Ratgeber. Denn die gewohnten, quasi-institutionalisierten, Formen der Kritik und Prozesse der Debatte und des Ausgleichs sind immer weniger gewünscht. Sie wirken nicht mehr und stattdessen entstehen immer stärkere Zentrifugalkräfte, die negativ auf den gesellschaftlichen Zusammenhalt einwirken. Die Moralisierung des Alltags und des Privaten ist eine gefährliche Entwicklung. Der speziell deutsche Rigorismus hat Wurzeln bei Martin Luther und in der Romantik.

Das Bedürfnis zu einer Art „identitären" Abgrenzung wächst mit dem Unwohlsein der Menschen einer immer komplizierteren Gegenwart. Die Moralisierung des politischen Diskurses schwächt den Kern der Demokratie – Dialog und Kompromiss – immer mehr, bis bestehende Mechanismen unmöglich werden. Ohne Vertrauen in die Zukunft kann Demokratie, aber auch Marktwirtschaft, nicht funktionieren. Wenn die düsteren „Zukunftsvisionen" von Greta und Trump weiterhin den öffentlichen Diskurs bestimmen, entsteht ein neuer Kulturkrieg, der unsere liberale, westliche Gesellschaft von innen aushöhlt und zerstört. Dieses Phänomen ist in Deutschland und anderen entwickelten, westlichen Gesellschaften derzeit, in verschiedenen Stadien, zu beobachten. Die Gründe für diese Entwicklungen und mögliche Auswege sollen in diesem Essay untersucht werden.

Klar ist: Empörung ist keine Lösung. Der immer stärker moralisierte, alarmistische und unversöhnliche Diskurs in Medien und Politik führt zu einer Spirale der Dauer-Erregung und Polarisierung. Wenn der Blick auf die rationale Sach-Ebene verloren geht und Mut und Optimismus keine Rolle mehr spielen, droht ein neues Zeitalter der Extreme.

Die neuen Antipoden: It's the identity, stupid!

Der Gegensatz zwischen Arbeit und Kapital dominierte lange die politische Agenda. Mindestens seit der Industriellen Revolution galt er als Kernthema moderner Gesellschaften. Für Bill Clinton war im Präsidentschaftswahlkampf 1992 noch klar „It's the econonomy, stupid!". Aber nicht nur der Blick auf die neue politische Landkarte verrät, dass es heute nicht mehr klassische ökonomische Debatten, nicht mehr Sozialismus und Liberalismus sind, die Debatten bestimmen. Kultur- und Identitätsfragen bestimmen die Agenda.

Ob Brexit, Trump, der Aufstieg der AfD oder der grüne Hype 2019 (vor allem im deutschsprachigen bzw. nordeuropäischen Raum, was es später zu erklären gilt): Die neuen gesellschaftlichen Bruchlinien sind nicht ökonomischer, sondern kultureller Natur. Von einer Klassengesellschaft kann trotz berechtigter Kritik an sozialen Missständen keine Rede mehr sein. „Die Politik war während beinahe des gesamten 20. Jahrhunderts geprägt von wirtschaftlichen Themen", schreibt Francis Fukuyama in einem Essay im Magazin „Foreign Affairs".[1] „Heute hingegen ist sie weniger von ökonomischen oder ideologischen Sorgen bestimmt als von Fragen der Identität." In einer materiell halbwegs saturierten Gesellschaft nimmt Unzufriedenheit scheinbar nicht mehr ab, sondern zu. Kann es also sein, dass je größer der Wohlstand der Allgemeinheit wird, sich der Einzelne umso schlechter fühlt?

Der Sozialpsychologe Steven Pinker zeigt, dass das Leben der Menschen auf dem Planeten in der Summe sehr viel besser geworden ist. „Für Vernunft, Wissenschaft, Humanismus und Fortschritt“ – der Untertitel seines lesenswerten Buches „Aufklärung jetzt“ spricht Bände. Mit zahlreichen Statistiken stellt er nachvollziehbar dar, was sich für die Menschen verbessert hat: Die Lebenserwartung ist massiv gestiegen, die Arbeitszeit gesunken, die Zahl der Demokratien gestiegen, Krankheiten wurden eingedämmt oder ausgerottet. Pinker erklärt in seinem Buch aber auch, wieso der offensichtliche Fortschritt nicht gewürdigt wird: Die Gegner der Aufklärung mobilisieren Wut und Zukunftsangst, starke Emotionen. Ob autoritäre Populisten oder andere „Schwarzmaler“, er attackiert rechte und linke Fortschrittsfeinde. Er warnt vor dem Klimawandel und setzt auf Kernkraft und Innovation.

In den USA, der einzigen demokratischen Weltmacht unserer Zeit, sind bereits zwei politische Parallelwelten entstanden. Obwohl beide bereits lange Bestand haben, besteht heute ein scheinbar unüberbrückbarer Unterschied zwischen einem ländlichen, von weißen Männern geprägten, Amerika und einem eher städtischen, multikulturell, feministisch und eher linksalternativ geprägten Milieu. Ein Blick auf die politische Landkarte in Deutschland verrät, dass AfD (ländliche Gebiete im Osten) und Grüne (Städte im Westen) ähnliche Milieus in Deutschland vertreten und dabei eine Art kultureller Hegemonie für diese entwickelt haben.

Nachdem die AfD in der Anfangsphase zunächst primär eine direkte Reaktion auf die Euro-Rettungspolitik von Angela Merkel schien, war schnell zu beobachten, dass kulturelle Fragen immer dominierender wurden. Nation und Identität, die Angst vor Fremden und vor drohender Überfremdung. Gleichzeitig die radikale Gegenbewegung und das Ablehnen aller so gearteten Sorgen.

Je stärker die AfD, desto stärker die Grünen und umgekehrt. Die Parteien der Mitte, die sich in dem identitätsgetriebenen Diskurs nicht in ein schwarz/weiß-Schema einordnen lassen, verlieren relativ an Bedeutung.

Die Gelbwesten-Bewegung in Frankreich ist ein weiteres spannendes Beispiel für die neue Brisanz des Populismus. Sie belegt die neue Sortierung des politischen Diskurses jenseits des klassischen Rechts-Links-Schemas. Ähnliches gilt auch für das Brexit-Votum im Vereinigten Königreich. Klassische parteipolitische Linien lösen sich länderübergreifend auf und neue politische Antipoden entstehen.

Identität ist der zentrale politische Gedanke, um den das Denken und Handeln der grünen und linken Bewegung auf der einen, aber auch das Denken der neuen Rechten zentral kreist. Der amerikanische Philosoph Rorty sprach von der „kulturellen Linken“[2], die sich mehr mit Fragen von Geschlechtern und Ethnien als sozialer Ungleichheit befasste. Der Soziologe Andreas Reckwitz spricht von der „Kulturalisierung der Politik“.[3]

Die neue *Identitätskultur* bestimmt den öffentlichen Diskurs links und rechts der Mitte. Das Kultivieren von Unterschieden, die radikale Abgrenzung zur anderen Seite und ein hohes Maß an Selbstfixierung kennzeichnen die Identitätspolitik, die in unterschiedlichen Maßen ein Stück Abkehr von freiheitlichem Denken bedeutet. Politische Diskurse werden moralisch aufgeladen und aggressiv geführt.

Auf der einen Seite steht dabei die urbane, linksalternative Elite. Sie nutzt Identitätspolitik, etwa durch ein hohes Maß an politischer Korrektheit, um ein Stück weit kulturelle Hegemonie über ihre Mitmenschen zu erlangen, da eine Unterscheidung durch Konsum, wie früher, heute nicht mehr möglich ist. Weite Teile der Medien, die ebenfalls dieser Klientel zugerechnet werden müssen, unterstützen dies öffentlichkeitswirksam. Der ökologisch korrekte Konsum und die politisch korrekte Lebensführung sorgen dann für einen permanenten Rechtfertigungszwang für all jene, die sich anders verhalten.

„Emotio schlägt ratio". Das Problem der klassischen Volksparteien ist, dass der Ausgleich der Interessen, das abwägende Element, in einer solchen neuen Konstellation nicht mehr gefragt ist. Nicht mehr das große Ganze, sondern die eigene homogene Gruppe, steht im Vordergrund.

Der Liberale hat es in einem solch moralisch aufgeladenen, aggressiven Diskurs besonders schwer. Wer sachlich und nüchtern argumentiert, wirkt für viele nicht kompetent, sondern unsympathisch. Der kühle Kopf wird im Auge des Betrachters oft zum kalten Herz. Wer moralisch argumentiert, ist im Vorteil. Wer nüchtern abwägt, wirkt nicht engagiert und emphatisch.[4]

Das zeigt sich am Beispiel des Klimaschutzes. Dieser ist keine Sachfrage mehr, sondern auch ein Stück Identitätsfrage geworden. Nicht die rational beste Lösung, sondern das unbedingte Glaubensbekenntnis zur drohenden Apokalypse und die gesinnungsethisch naheliegende Lösung dominieren weite Teile des Diskurses.

„Wir müssen unbedingt davon wegkommen, uns über Identitätspolitik zu streiten. Stattdessen müssen wir hin zu Sozial-, Wirtschafts- und Finanzpolitik. Da muss die SPD unbedingt ihren Beitrag leisten. Unter gar keinem Fall darf sie die Polarisierung in kulturellen Fragen befeuern", meint der Politologe Timo Lochocki, Politikprofessor in North Carolina: „Die Grünen sind nicht das Vorbild." Ganz im Gegenteil, sie tragen kräftig zur Polarisierung bei.[5]

Identitätsbedürfnis und Empörungskultur

Das neue Bedürfnis nach Identität ist global. Der moderne Zeitgeist ist pessimistisch, der Weltuntergang wird ständig beschworen. Sei es eine Welle der Überflutung durch schmelzende Eisberge oder eine Flut an Migranten: Die mediale Sucht nach Ängsten, Skandalen und Sensationen wird von sozialen Medien verstärkt, in denen sich vor allem Extrempositionen durchsetzen. Diese neue Empörungskultur ist die Ursache der zunehmenden Polarisierung und Spaltung, welche die offene Gesellschaft bedroht.

Während in der Vergangenheit Veränderungen eher langsam verliefen und den kurzen Lebenszeitraum häufig überschritten, sind die beschleunigten Veränderungen des 21. Jahrhunderts so sicht- und fühlbar für den Einzelnen wie für keine bisherige Generation. Dieses Tempo führt bei Vielen heute vor allem zu einer enormen Verunsicherung. Der Mensch scheint nicht mehr nur Zuschauer und Nutznießer, sondern fühlt sich als Opfer von Veränderungen. Damit steigt das individuelle Unbehagen. Der Mensch lässt sich von negativen Ereignissen stärker beeindrucken als von positiven, die Medien verstärken diesen Eindruck.[1] Ist der Mensch emotional etwa noch im Steinzeitalter und hält nicht Schritt mit technologischen und gesellschaftlichen Quantensprüngen?

Der Anstieg an Information sorgt dabei zunehmend für Orientierungslosigkeit statt für mehr Wissen. Die schiere Menge und die dauernde Erreichbarkeit lähmen mehr, als dass sie intellektuell beflügeln. Die Veränderungen im 21. Jahrhundert nehmen zu und beschleunigen sich zugleich. Die Rolle der Vermittlung von Wissen wird wichtiger, die der eigenen Erfahrung dagegen schwindet. Das enorme Potenzial an Informationen, das im Internetzeitalter zur Verfügung steht, überwältigt und -fordert selbst Allgemeingebildete. Was wir über die Welt wissen, wissen wir daher durch die Medien, wie schon Niklas Luhmann zu Recht feststellte. Im Blick auf die politische Landschaft beobachtet er, dass mehr oder minder ungehemmt moralisiert wird. Gerade die Medien tragen dazu bei, „den Eindruck entstehen zu lassen, dass politische Kultur eine Kultur der wechselseitigen Beleidigung ist, die so deutlich gewählt sein muss, dass jeder sie auch ohne besondere Vorbildung versteht“.[2]

Die Welt dreht sich immer schneller. Seit dem Ende des Kalten Krieges und dem Durchbruch des Internets kam es nicht zum „Ende der Geschichte“, wie von Fukuyama prophezeit, sondern zu einer Beschleunigung aller Prozesse.[3] Globalisierung und Digitalisierung führen heute zu einer Form der ständigen globalen Echt- und Gleichzeit. In dieser Welt fühlen sich offensichtlich immer mehr Menschen unwohl und entwickeln ein Bedürfnis nach neuen, klaren Zugehörigkeiten. Die Welt wird unübersichtlicher, das Bedürfnis nach Identität, Sicherheit und Kontinuität wächst. Gleichzeitig hat die Intensität politischer Debatten ohne Zweifel zugenommen. Die bisher bekannte Art der Öffentlichkeit befindet sich ein Stück weit in Auflösung, die gesellschaftlichen Gruppen scheinen langsam zu zersplittern.

Globalisierung bedeutet im Kern, dass Grenzen verschwinden, Grenzen der Entfernung, Grenzen der Kommunikation. In den letzten Jahrzehnten war es vor allem wachsende Mobilität von Gütern, Menschen und Ideen sowie das Internet, die das Zusammenwachsen befördert haben. Insbesondere die Digitalisierung hat die Wahrnehmung von Raum und Zeit grundlegend verändert. Die Welt erscheint dem Einzelnen jetzt instabiler, weil Nachrichten den Einzelnen nun öfter und vor allem viel gezielter und intensiver erreichen, als es früher der Fall war. Flüchtlinge und Terrorismus sind kein neues Phänomen, werden aber auch durch die Digitalisierung globalisiert. Laut Außenminister Steinmeier „gerät die Welt aus den Fugen“[4], da die Zahl und Intensität der Krisen zu wachsen scheint. Dass dieser Eindruck vor allem durch mediale Eindrücke entsteht und nichts mit der tatsächlichen Entwicklung von Kriegen, Katastrophen und Krankheiten zu tun hat, geschenkt. Die medial stark verbreitete Verunsicherung hat eben auch etwas mit einer veränderten Medienwelt zu tun. Der Schriftsteller Peter Scholl-Latour nannte sein 2012 erschienenes Buch passenderweise „Die Welt aus den Fugen“. Die Münchner Sicherheitskonferenz 2015 lud ein zum Austausch über „Krisen ohne Grenzen“. Und Martin Schulz sagte Ende 2015: „Ein solches Jahr, das mit Terror startet und mit Terror aufhört, von Angst geprägt ist, von tiefen ökonomischen, sozialen und Arbeitsmarkt-Krisen, von einem Auseinanderdriften der Mitgliedstaaten, wie es noch nie der Fall war, ein solches Jahr habe ich jedenfalls noch nicht erlebt und kann nur hoffen, dass es 2016 besser wird."[5] Krise ist heute gefühlt scheinbar überall. Das schafft Angst, stumpft aber gleichzeitig auch ab. So leben wir heute in einer Zeit der stoischen Dauer-Panik.

Der Terror kommt gefühlt näher, auch wenn die Wahrscheinlichkeit, Opfer eines Anschlags zu werden, gering ist. Global betrachtet gibt es nicht viel mehr Flüchtlinge, sie kommen heute nur auch nach Europa. Es gibt nicht mehr Kriege, aber deutlich mehr Berichte und Bilder. Persönliche Betroffenheit ist die Grundbedingung für die neue Empörungskultur. Der Soziologe Frank Furedi vertritt in einem Aufsatz in dem Sammelband „Die sortierte Gesellschaft"[6] die Auffassung, dass Identitätspolitik heute das öffentliche Leben in westlichen Gesellschaften bestimmt. Ihr bestimmendes Merkmal sei dabei das Kultivieren einer gruppenspezifischen Opferhaltung.[7]

Interessant ist die geografische Aufteilung der populistischen Bewegungen in Europa. Im Norden Europas dominiert eher der Rechtspopulismus: Schwedendemokraten, Fortschrittspartei in Norwegen, Wahre Finnen, Dänische Volkspartei, AfD, UKIP, SVP, FPÖ. Im Süden Europas überwiegt dagegen der Linkspopulismus: Syriza in Griechenland, Podemos in Spanien und La France insoumise. In Italien gibt es mit Lega Nord und der 5 Sterne Bewegung dagegen beides. In Osteuropa sind es dagegen die, noch relativ jungen, Volksparteien, die sich typisch populistischer Methoden bedienen (siehe Grafik S. 83).

Im Norden Europas ist die Flüchtlingskrise als Katalysator für diese Entwicklung zu sehen, wo es im Gegensatz zum Süden einen ausgeprägten Sozialstaat gibt, der teilweise auch für Migranten offensteht. Südeuropas Populismus speist sich dagegen vor allem aus den sozialen und ökonomischen Verwerfungen der Wirtschafts- und Eurokrisen. In Osteuropa wiederum sind es die Globalisierung und kulturelle Veränderungen, die eine Mischung aus Umverteilungs- und Sozialpopulismus hervorbringen. Ob rechte Parteien wie Fidesz in Ungarn, die Partei Recht und Gerechtigkeit (PiS) in Polen oder, wie in Rumänien und der Slowakei, durch die linke PSD (Sozialdemokratische Partei) oder SMER.

Identitätspolitik hat häufig einen Hang zum Extremen. Gleichzeitig sind die zugrundeliegenden Probleme heute so virulent wie lange nicht, immer neue Konfliktlinien entstehen: oben gegen unten, Männer gegen Frauen, jung gegen alt, Inländer gegen Ausländer. Je egalitärer die Gesellschaft wird, desto empfindlicher reagiert sie auf selbst kleine Unterschiede. Dieses Paradoxon ist zentral für das Verständnis aktueller Konflikte.

Die dauerhafte Vernetzung führt zur permanenten Konfrontation und Empörung, da sowohl medial als auch verstärkt in sozialen Medien die Emotion die Ratio übertrumpft. „Empörung ist negativer Narzissmus", meint die französische Psychoanalytikerin Julia Kristeva.[8] In sozialen Medien wie Twitter, Facebook und Co. regiert die Empörungskultur. Der Journalist Wolf Lotter verdeutlicht in seinem Essay „Empörung ist keine Lösung: Entpört euch!" das panisch-exzessive Verhalten totalitärer Denkweisen, gerade im digitalen Raum. Andersartige Meinungen verstummen aus Angst vor Repressalien, in Konsequenz wird das Internet immer mehr zur digitalen Echokammer und zum digitalen Pranger zugleich.

Das Netz verschärft und beschleunigt die Spirale der Empörung. Der damalige Ratsvorsitzende der Evangelischen Kirche in Deutschland, Nikolaus Schneider, kritisiert bereits 2012 diese vom Internet befeuerte Empörungskultur und sieht die Netz-Anonymität mit Skepsis. An Empörungszyklen und raschen Schuldzuweisungen gebe es keinen Mangel, monierte Schneider in seiner Osterbotschaft.[9] Über soziale Netzwerke verbreite sich Empörung in Minutenschnelle. „Viel zu viele schließen sich ohne Überprüfung oder Nachdenken an." Schneider sagte zudem der Münsterschen Zeitung, die Anonymität des Internets verlocke dazu, Hemmungen aufzugeben.[10]

Das Problem lässt sich hier recht einfach benennen. Der liberalen Gesellschaft fehlt in der Anonymität des Virtuellen ihre wichtigste Grundlage: die Haftbarkeit des Einzelnen. Denn die Erfindung des Individuums als haftbare, sein eigenes Handeln verantwortende Person war die Voraussetzung für die Errichtung der bürgerlichen Gesellschaft und ihrer großen Errungenschaften: Rechtsstaatlichkeit und Menschenwürde. Die anonymen Massenaufläufe im Internet entheben den Einzelnen aus der bürgerlichen Verantwortlichkeit und führen zurück in Richtung Anarchie.

Dafür braucht es eine möglichst große Beteiligung, möglichst viel Engagement. Gerade „große" Themen wie das Klima und Flüchtlinge ziehen Menschen an. TAZ-Chefreporter Peter Unfried bezeichnet diejenigen Aktiven als „Beifang-Opportunisten". Ob der Einsatz selbstlos oder karrierefördernd motiviert ist, wird dabei häufig nicht klar.

Die wissenschaftliche Grundlage für dieses Verhalten liefern Forscher der US-Universität Stanford. In einer Serie von Versuchen konnten sie nachweisen, dass Menschen teils gezielt aufnahmefähig für Empörung und andere starke Emotionen waren. Je wütender der Proband sein wollte, desto eher nahm er auch Impulse von außen auf. In einer weiterführenden Untersuchung zum Verhalten in den Sozialen Medien konnten die Forscher dieses Schema wiederfinden. Auch hier reagierten wütende Nutzer besonders eingängig auf eskaladierende Impulse.[11]

Das Internet ist ein Stück weit auch ein Vereinfachungsapparat. Moderne, digitale Kommunikation liefert heute in Echtzeit Bilder für alle erdenklichen Angstmacher: Unfälle, Terror, Katastrophen ohne Ende, von denen der Mensch früher nie oder nur zeitlich versetzt und häufig versachlicht erfahren hätte. Permanent mit den Befindlichkeiten, Eitelkeiten und unerbetenen Meinungsbekundungen Anderer konfrontiert zu sein, wie es heute häufig der Fall ist, hat Folgen für uns, schreibt auch der Medienwissenschaftler Bernhard Pörksen.[12]

Als wesentliche Ursachen dieser Gereiztheit sieht Pörksen das „Wegbrechen ziviler Diskursfilter" und die mediale Demontage von Autoritäten. Ganze Gesellschaften würden in Dauererregung, Hysterie-Spiralen und Orientierungslosigkeit getrieben, weil sie „ungefiltert der Gesamtgeistesverfassung der Menschheit oder den Einfällen eines delirierenden amerikanischen Präsidenten ausgesetzt" würden.

Auf beiden Seiten des politischen Spektrums wird der Schuldige jeweils mechanisch auf der anderen Seite gesehen. Stefan Zweig schrieb: „Rechts ist Übertreibung und links ist Übertreibung, rechts Fanatismus und links Fanatismus." Er hat das in seinem Essay „Triumph und Tragödie des Erasmus von Rotterdam"[13] geschrieben, 1934, als Österreich aufhörte, eine Demokratie zu sein.

Historische Analogien hinken immer. Aber der Blick zurück zeigt, dass Differenzierung und Vielfalt sowie Toleranz Grundlage der Demokratie und offener Gesellschaften sind. Wo Menschen in Extremen denken und reden, gilt der Satz, der in Zweigs *Erasmus* die prominenteste Rolle spielt: „Hier stehe ich und kann nicht anders." Diese Form der kompromisslosen Haltung hört sich auf den ersten Blick für viele sympathisch an. Politische Alternativlosigkeit, mangelnde Kompromissfähigkeit und irrationale Übertreibung sind aber kein Nährboden, auf dem die liberale Demokratie gedeihen kann. Der Populismus dagegen lebt auch allein von Heilsversprechungen gut, auch wenn diese realpolitisch quasi nicht umsetzbar sind. Der Populist behauptet, im Namen des Volkes, des Klimas oder einer anderen metaphysischen Größe zu sprechen. Er suggeriert einen systemischen Mangel, den nur er beheben kann. Der realistische und sachliche Politiker sieht Handlungszwänge und realistische Optionen und ist damit immanent langweilig. Max Weber sprach auch „vom ständigen Bohren dicker Bretter".[14] Da hier die Gefahr eines reinen Verwaltens droht, kann der Populismus auch ein Korrektiv sein, das zum Handeln zwingt. Es ist zu hoffen, dass die Korrektur dann noch helfen kann.

Spaltende Moralisierung

Eine moralisierte Gesellschaft ist Merkmal eines eher autoritären Systems. Freie und offene Gesellschaften schätzen dagegen das aufgeklärte Individuum. Denn übermäßiges Moralisieren ist nicht gut für die Demokratie. Jonathain Haidt erklärt dazu in seinem Buch „The Righteous Mind. Why good people are divided by politics and religion", was auch auf der Arbeit des Philosophen David Hume basiert, dass Überzeugungen oft das Ergebnis von Intuition sind. Die Wahlerfolge von Republikanern und Konservativen erklärt er damit, dass eine breitere Basis an moralischen Impulsen angesprochen wird. „Morality binds and blinds"[1] – „Moral bindet und blendet".

Das emotionalisierte Schwarz-weiß Denken von links und rechts führt zu einer immer schärferen Polarisierung. In ihrem Essay „Gegen den Hass" thematisiert Carolin Emcke Rassismus, Fanatismus, Demokratiefeindlichkeit.[2] Wir erleben derzeit zunehmend polarisierte Gesellschaften und in einer immer mehr fragmentierten Öffentlichkeit dominiert vor allem jenes Denken, das Zweifel nur an den Positionen der anderen, aber nicht an den eigenen zulässt. Diesem dogmatischen Denken, das keine Schattierungen berücksichtigt, setzt Carolin Emcke ein Lob des Vielstimmigen, des „Unreinen" entgegen – weil so die Freiheit des Individuellen und auch Abweichenden zu schützen ist.

Ohne gemeinschaftlichen Diskurs und kleinsten demokratischen Nenner von Links und Rechts ist die Demokratie in Gefahr. Eine zu hohe Dosis Moralismus vergiftet die Debatte und macht den sachlichen Ausgleich und Kompromiss unmöglich. Unbeherrschbare Komplexität ist das eine Problem, die Antwort mit moralistischen Argumenten das andere.[3]

Beispielhaft dafür steht die aktuelle Klimaschutzbewegung. Sie klagt die Gesellschaft, uns alle, moralisch an. Plakate bei Fridays-for-Future-Demonstrationen sind geprägt von der Überzeugung der eigenen Rechtschaffenheit und der Erkenntnis, dass Alternativpositionen moralisch bankrott, und damit nicht verhandelbar, sind. Gibt es wirklich Strömungen, die den Klimawandel bewusst in Kauf nehmen? Lübbe nennt dies „Pathos der Menschheitsrettungsmoral".[4] Wer im Kern die Industriegesellschaft als solche als Problem sieht, hängt einer romantisierenden Naturmoral an. Das mag im Einzelfall charmant wirken, führt aber schnell zu Doppelmoral, wenn „alte" Industrien verteufelt werden und gleichzeitig das Smartphone zum Fetisch aufsteigt.

„Moralismus ist der schlechteste Verteidiger der offenen Gesellschaft und der Demokratie"[5], meint der Mitbegründer der linken Sammelbewegung „Aufstehen" Bernd Stegemann. Angesichts einer polarisierten Gesellschaft wird Kommunikation und gegenseitiges Zuhören angemahnt. Die Vermischung von Recht, Moral und Sitten ist eher ein Merkmal archaischer Gesellschaften. Vor allem durch die Aufklärung kam es zu einer Trennung von Staat und Kirche. Das wiederum sorgte dafür, dass der Staat das Gewalt- und Rechtsmonopol erlangte. Die zunehmende Moralisierung öffentlicher Diskurse ist insofern eher als Rückschritt zu betrachten. Wer moralisch überzeugt, gewinnt oft schnell Zustimmung, das rational abwägende Argument hat es auch und gerade im neuen Medienzeitalter schwer. Die Moralkeule dient häufig auch dazu, Diskussionen abzukürzen und den Gegner mundtot zu machen, statt auf Dialog und Verständigung zu setzen. Im öffentlichen Diskurs ist Moral nicht immer etwas Gutes, da es Diskussionen emotionalisiert und dadurch verschärft. Während im Privaten die Moral sicher eine zentrale Rolle spielen sollte, verhindert sie in Reinform im öffentlichen Diskurs den Kompromiss, den Kern der Demokratie. Mehrdeutigkeit, Ambivalenz und Kontext verschwinden, wenn Moralisierung den Diskurs bestimmt. Das sich als links-liberal bezeichnende Denken ist im Kern illiberal, weil es immer mehr mit Moral verschmilzt. Was wären die Grünen ohne den Dauer-Appell an die Moral?

Was darf man heute noch tun? Eine Kreuzfahrtreise buchen, Fleisch essen, den Flieger nehmen? Fleisch-Scham, Flug-Scham, Auto-Scham. Die Politisierung der Scham im Namen einer grünen Weltverbesserung politisiert das Private und sorgt für eine massive Spaltung der Gesellschaft. Aus grüner Askese wird ein neuer Puritanismus, der ständig neue Feindbilder provoziert: der Fleisch-essende SUV Fahrer, der in den Urlaub fliegt, ist quasi die Kombination allen Übels.

Die Welt ist allerdings nicht schwarz und weiß, sondern zumeist grau-schattiert. Was Thomas Bauer die „Vereindeutigung der Welt“[6] nennt, ist das Verschwinden der Grautöne. Uneindeutigkeit und Widersprüche prägen die Welt, aber in immer mehr gesellschaftlichen Feldern, von Ökologie über Kunst bis Religion, nimmt der Drang zur Vereinfachung zu. Thomas Bauer hält hierzu fest: „Der Versuch, Eindeutigkeit in einer uneindeutigen Welt wenigstens dadurch herzustellen, dass man die Vielfalt in der Welt möglichst präzise in Kästchen einsortiert, innerhalb derer größtmögliche Eindeutigkeit herrscht, ist eher dazu geeignet, Vielfalt zu verdrängen als sie zu fördern."

Fundamentalismus ist für ihn nur die eine Spielart der Vermeidung von Unterschieden, die andere, wichtigere vielleicht sogar, ist das, was er die Gleichgültigkeit spätmoderner Gesellschaften nennt: Wenn mir etwa Religion egal ist, muss ich mich mit deren Mehrdeutigkeit auch nicht mehr befassen.

Warum regen sich die Leute so auf? Die Psychologie sagt, dass Menschen dazu tendieren, Situationen der Zweideutigkeit und Unklarheit, der Ambiguität, eher zu vermeiden. Das kennt ja jeder von sich selbst. Erinnern Sie sich an Martin Luthers „Hier stehe ich, ich kann nicht anders". Was Luther 1521 sagte, hat heute noch große Wirkung, allerdings nicht gerade positiv. Von links bis rechts ist diese unnachgiebige Härte und Kompromisslosigkeit noch zu spüren. Die spaltende Moralisierung des Alltags ist eine besonders deutsche Angelegenheit.

Auch die Botschaften der AfD lassen keine Uneindeutigkeit zu. Allerdings gab es in der europäischen Geschichte Gesellschaften, in denen man sehr gut mit Mehrdeutigkeit umgehen konnte. Gerade die erfolgreichsten Gesellschaften ihrer jeweiligen Zeit waren geprägt von einer unzeitgemäßen Toleranz und der Fähigkeit, unterschiedliche Meinungen zu tolerieren und zu integrieren. Beispielhaft dafür sind das Florenz der Renaissance, das goldene Zeitalter der Niederlande und die Gesellschaft Großbritanniens in der frühen Neuzeit.

Das Problem ist, heute tendieren viele Menschen zu den Extremen: Gleichgültigkeit und Fundamentalismus, manchmal gleichzeitig. Die Mitte wird immer leerer. Man denke ans Essen. Es gibt zunehmend Leute, die – auch mit guten Gründen – Vegetarier sind. Aber viele lassen es nicht dabei, die müssen dann noch Veganer sein. Auf der anderen Seite gibt es bekennende Paläo-Menschen, die das Fleisch am liebsten noch roh essen. Die Politisierung und Moralisierung aller Lebensbereiche gehen vom Essen bis hin zur Literatur für Jugendliche und Kinder. Ich glaube, es ist gut, Kinder mit einer Bandbreite vertraut zu machen. Deswegen ist es auch Unfug, wenn bei Pippi Langstrumpf aus dem „Negerkönig" ein „Südseekönig"[7] wird. Warum erklärt man Kindern nicht einfach, weswegen man diesen Begriff heute nicht mehr benutzen würde. Kontextualisierung ist hilfreicher als Moralisierung, Mündigkeit bedeutet, selbst einordnen zu können und Widersprüche zu akzeptieren, statt sie auszublenden.

Ein wichtiges Wort in Bauers Essay lautet „ambiguitätstolerant". Wer in diesem Sinne tolerant ist, hält Widersprüche („Ambivalenzen") gut aus: Von manchen Menschen mag man angezogen und zugleich abgestoßen sein. Wer es aushält, endet nicht in Zerrissenheit und Neurose. Es geht darum, Widersprüche nicht zu planieren, sie nicht zu „vereindeutigen". Aber die Tendenz dazu ist offenkundig, sogar in der Kunst, die für sich reklamiert, die Polyvalenzen gepachtet zu haben.

Das eigentliche Feld der Ambiguität ist die Politik. In ihr kommen viele einander widerstrebende Motive zusammen, die sich höchstens mit Gewalt vereinheitlichen ließen. Gerade der „Widerwille, Uneindeutigkeit auszuhalten", trägt laut Bauer zur Erosion der Demokratie bei. Den Massen verspricht man „authentische", widerspruchsfreie Politik, entschiedenes Regieren – auch das könnte eine Definition für „Populismus" sein. Nur noch Krimis im TV, Kunstwerke mit klarer Gebrauchsanleitung und Sport ohne Unentschieden?

Freie Rede und freie Meinungsäußerung gehören zur liberalen Demokratie wie die Luft zum Atmen. Gesellschaftliche Debatten entfernen sich aber immer mehr vom rationalen Austausch guter Argumente. Stattdessen werden sie immer emotionaler und hypermoralisierend geführt. Das Argument wird ersetzt durch den Hinweis auf Gefühle und Identität zu einer Gruppe. Während die einen vor der Flutwelle als Folge des Abschmelzens der Gletscher warnen, fürchten andere nichts mehr als die Überflutung von Nation und Kulturraum durch Menschenmassen fremder Völker.

Politisch korrekte Sprache ist ein Stück Moralismus, der den Konsens erzwingt und unterschiedliche Weltanschauungen verhindert. Angeblich soll eine Sprache mit allumfassender Akzeptanz geschaffen werden. In Wahrheit geht es vielmehr darum, andere Gedanken absolutistisch zu bekämpfen.

Dabei muss klar sein: Soziodiversität ist genauso wichtig wie Biodiversität. Auf ihr beruhen nicht nur Zusammenhalt und Innovationsfähigkeit menschlicher Gesellschaften, sondern auch deren Resilienz – also die Fähigkeit, mit unerwarteten Schocks zurechtzukommen. Die Verringerung der Soziodiversität reduziert dagegen oft die Funktions- und Leistungsfähigkeit von Wirtschaft und Gesellschaft. „Falls Freiheit überhaupt etwas bedeutet, dann bedeutet sie das Recht darauf, den Leuten das zu sagen, was sie nicht hören wollen.", wie George Orwell in „Farm der Tiere" schrieb.

Ein neuer, aus den USA kommender Trend namens „Cancel-Culture" breitet sich in Europa, vor allem in Skandinavien aus. „Cancel-Culture" bedeutet diffamieren und diskreditieren in den sozialen Netzwerken. Das Wort „Cancel" steht dabei nicht nur für das Streichen aus alten und neuen Medien, es meint Vernichtung. Auch der ehemalige US-Präsident Obama kritisiert diese Praxis scharf. Der inquisitorische Eifer hilft wenig, schadet aber viel.[8] Der Aufschrei („Call out") ist die inszenierte Empörung, es wird quasi Online von der digitalen Kanzel wie früher in der Kirche gegen Sünder und Ungläubige gepredigt.

Ausgerechnet an Hochschulen macht sich von Linksaußen ein Geist breit, der Denkräume und Debatten einschränken will.

An der Berliner Humboldt-Universität etwa haben Studenten versucht zu verhindern, dass philosophische Schriften von Kant oder Rousseau diskutiert werden. Wer Kant für einen Rassisten hält, denkt offensichtlich selbst radikal und extremistisch.

Besorgniserregend und zugleich bezeichnend ist der Aufschrei der Hochschullehrer, die einen Mangel an Toleranz und Debattenkultur beklagen, stellte DHV-Präsident Professor Dr. Bernhard Kempen anlässlich des 69. DHV-Tags in Berlin fest. „Die insbesondere im anglo-amerikanischen Hochschulraum zu beobachtende Entwicklung, niemandem eine Ansicht zuzumuten, die als unangemessen empfunden werden könnte, verbreite sich auch in Deutschland. Im Streben nach Rücksichtnahme auf weniger privilegiert scheinende gesellschaftliche Gruppierungen forderten einige Akteure das strikte Einhalten von „Political Correctness". Parallel dazu wachse mit dem Erstarken politischer Ränder das Erregungspotenzial."[9]

Die VWL-Vorlesungen von dem aus der AfD ausgetretenen Bernd Lucke an der Universität Hamburg werden massiv behindert, ohne dass die Unileitung oder die grüne Wissenschaftsministerin Fegebank für Ordnung sorgen. Der FDP-Parteivorsitzende Christian Lindner darf an besagter Uni nicht auftreten, Kevin Kühnert und Sahra Wagenknecht allerdings schon. Nicht nur Vorlesungen werden gestört, auch Diskussionen sollen unterbunden werden. Werden aus dem links-grünen Milieu nur Meinungen toleriert, die ihrer eigenen entsprechen?

Liberale Demokratie kann ohne Rede- und Meinungsfreiheit nicht funktionieren. Eine Gefahr für den gesellschaftlichen Diskurs ist der Trend zur Moralisierung und Emotionalisierung von Debatten. Der Austausch rationaler Argumente wird durch Emotionalisierung und Identitätsperspektiven ersetzt, was sich durch kompromissloses Schwarz-Weiß-Denken auszeichnet.

Während Linke und Grüne sich in apokalyptischen Szenarien als Folge des Klimawandels überbieten, ist die neue Rechte auf das Migrationsthema fokussiert, welches die Parteienlandschaft von Großbritannien bis Deutschland, von Europa bis über den Atlantik verändert hat. Das Ergebnis sind extrem polarisierte Gesellschaften, in denen die Mitte erodiert und der politische Diskurs verroht. Dieses neue Phänomen ist weltweit zu beobachten und wird verstärkt durch den Echokammereffekt sozialer Medien und die dauerhafte mediale Echtzeit, in der überall und zu jeder Zeit im medialen Wettstreit polarisiert und polemisiert wird.

Haben vor allem die Deutschen einen Hang zu Rigorismus und Radikalität? Helmuth Plessner hat 1924 eine

Kritik des sozialen Radikalismus geschrieben, so der Untertitel des Werkes „Die Grenzen der Gemeinschaft". Vor allem Luther hat radikales Denken geprägt.

„Protestantismus ist die Religion der Konzessionslosigkeit, weil der Mensch unmittelbar zu Gott ist, und damit ein Bruch mit der Wirklichkeit. Protestantische Menschen, die eine Berufung zur Wirklichkeit kennen und nicht auf Gottes Werk verzichten, haben nur zwei Möglichkeiten: den tragizistischen Dualismus ewiger Unvereinbarkeit zwischen den Forderungen der sündigen Realität und den Geboten Gottes, das Ethos Luthers, des Deutschen, oder das gleichsam alttestamentarische System der Eintracht zwischen weltlichem Erfolg auf Gottes Erde und Erwähltheit durch Gottes Gnade, das Ethos Calvins."[10]

Plessner meint, dieser Radikalismus würde „den Sinn für die Wirklichkeit und die praktische Entschlossenheit" gefährden. Die Nähe der evangelischen Kirche zu den Grünen ist offenkundig. Im Cicero beschrieb der Artikel „Gott ist Grün", wie alles ausgerechnet bei denen ausgeschlossen wird, was nicht in das eigene schlichte Weltbild passt, obwohl man sich so offen gibt.

Dazu fragt Alexander Grau im Magazin Cicero: „Wo sind die Wissenschaftler, die sich kritisch mit der Energiewende auseinandersetzen? Oder Ökonomen, die erklären könnten, dass der freie Markt sozialer ist als Verstaatlichungen? Wo ist etwa ein Christian Lindner oder ein Friedrich Merz? Wo der Vorsitzende der Werteunion Alexander Mitsch oder Arbeitgeberpräsident Ingo Kramer? Immerhin, der bayerische Ministerpräsident Markus Söder hat seinen Auftritt. Ansonsten ergötzt man sich an den Säulenheiligen des Milieus, an Robert Habeck, an Annalena Baerbock und Kevin Kühnert.

Willkommen auf der Veranstaltung der Neugierigen und Weltoffenen!“[11]

Während Luther Politik und Religion aus religiösen Gründen scharf trennte, widmet sich die evangelische Kirche immer mehr der Politik und zugleich immer weniger der Religion.[12] Kirchentage erinnern teilweise an grüne Parteitage.[13] Hier bricht sich der zeitgeistliche Moralismus Bahn, der weniger mit Protestantismus als mit der Romantik gemein hat.

Die Romantik als philosophische Strömung war eine Gegenreaktion auf die Entdeckungen, Erfahrungen und Errungenschaften der Aufklärung im 18. Jahrhundert. Sie hinterfragte die wissenschaftliche Revolution und die Bedeutung der Vernunft. Grundthemen der Romantik waren dabei vor allem Gefühl, Leidenschaft und Natürlichkeit. „Die Welt muss romantisiert werden. So findet man den ursprünglichen Sinn wieder“[14], lautete etwa ein Ausspruch des deutschen Dichters Novalis. Als Ausgangspunk sowohl der modernen Umweltbewegung wie auch des deutschen Nationalismus hat sie daher noch heute einen sichtbaren Einfluss auf linke und rechte Meinungen. Der Schutz der ursprünglichen Umwelt vor der Künstlichkeit des Menschen und der Schutz der Nation vor dem Fremden, beides findet sich bereits vor Jahrhunderten.

Die Romantik ist als eine wichtige Strömung zu nennen, die Grundierung für die typisch deutsche Kompromisslosigkeit ist, die ironischerweise beide Seiten des politischen Spektrums beeinflusst. Dem Romantiker geht es um Intensität, das Romantische, Liebe, die Extreme. Romantik sei eben die Fortsetzung der Religion mit ästhetischen Mitteln, schreibt Rüdiger Safranski in seinem Werk „Die Romantik – eine deutsche Affäre“. Auf die

Frage des Magazins Der Spiegel: „Herr Safranski, was hatten die Erregungszustände von Heiligendamm, was die protestierenden Nackten auf dem Alpengletscher jetzt mit Romantik zu tun?", meinte dieser: „Die grüne Thematik, die derzeit die Protestkultur beherrscht, das ist ein romantisches Motivgeflecht."[15]

Safranski *zeigt* in seinem Werk den Einfluss der Romantik auf zahlreiche Dichter und Denker von Heinrich Heine über Karl Marx bis Richard Wagner, aber auch auf Ernst Jünger und Adolf Hitler. Für Safranski ist „das Romantische" ein Stück Irrationalismus.

Irrationale, romantische Begeisterung findet sich in einigen deutschen Schlüsseljahren. Der Historiker Götz Aly versuchte in seinem Buch „Unser Kampf 1968", Analogien zwischen den 33er und 68er Studentenprotesten zu ziehen, was generell wohl eher ein schwieriges, pauschalisierendes Unterfangen ist. Die schrillen Thesen überdecken aber bedenkenswerte Passagen. „Wir befanden uns", sagt er, „in einem deutsch-romantischen Rausch verrückter Selbstüberschätzung".[16] Interessant ist dabei sein Blick auf die Nachlässe der jüdischen Professoren Richard Löwenthal und Ernst Fraenkel. Beide Berliner Professoren waren 1933 aus Deutschland vertrieben worden, kamen in den Fünfzigerjahren nach Berlin zurück und verzweifelten zunehmend am neuen Radikalismus. Die spaltende Moralisierung ist also kein neues Phänomen.

Auch der Antikapitalismus ganz rechts und links hat Wurzeln in der Romantik. Bundespräsident Gauck nannte es den „Traum von einer Welt, in der man sich der Bindung von Märkten entledigen könne, eine romantische Vorstellung [...]. Zu glauben, dass die Entfremdung vorbei sei, wenn man das Kapital besiege, und dann alles schön sei, sei ein Irrtum".[17]

Der neue Zeitgeist ist pessimistisch, auch wenn das oft erst auf den zweiten Blick sichtbar wird. Der Weltuntergang wird ständig neu angekündigt, ob von rechts oder links. Der härter werdende mediale Wettbewerb, vor allem im Netz, bei dem es primär auf „Klickzahlen" ankommt, verstärkt ein düsteres Bild der Gegenwart und der Zukunft. Optimismus steht fast schon unter Rechtfertigungszwang, ein Grundvertrauen in eine positive gesellschaftliche Entwicklung geht verloren. Ein positives, humanistisches Menschenbild aber ist Voraussetzung für gesellschaftliche Offenheit und Zukunftsoptimismus. Die neue Angst vor der Zukunft sowohl links als auch rechts der Mitte zeigt sich darin, dass beide Pole sich als Warner und Mahner vor den Auswüchsen der Gegenwart gerieren. Dabei argumentieren beide Seiten eher gesinnungsethisch als rational und argumentativ, „Emotio statt Ratio".

Ob Klimawandel oder Migration: Der Alarmismus ist auf beiden Seiten so groß, dass rationale Debatten und Kompromisse unmöglich werden. Ironischerweise greifen beide dadurch implizit das Stilmittel der „Alternativlosigkeit" auf. Die Moralapostel tarnen ihre Interessen als unabdingbare Werte und bedienen die Sehnsucht nach „Authentizität". Aus „Gut So!" wird „Nur so!". Dieser Diskurs zielt auf Ausschluss. Identitäre Gruppen bestimmen die Diskussion, jeder wird zum Opfer der anderen Seite.

Angst-Unternehmer
Greta und Trump: Vaterland und Mutter Natur

Greta Thunberg und Donald Trump sind beide medienwirksam, unkonventionell und polarisieren medienwirksam. Das Misstrauen gegenüber traditionellen Eliten ist nicht nur eine Machtquelle für Trump, sondern auch Voraussetzung für das Phänomen, dass eine 16-jährige Schwedin mehr Menschen bewegt als alle Experten und Politiker mit ähnlichen Botschaften zuvor. Auch wenn die Wirkweise einer 16-jährigen und ihrer Jugendbewegung unterschiedlich ist im Vergleich zu einem US-Präsidenten, so lohnt sich die Frage, warum beide Figuren das Jahr 2019 bestimmen.

Greta Thunberg polarisiert: Für die einen ist sie eine Ikone, für andere eine Hassfigur. Greta trifft den Papst, Kanzlerin Merkel, den ehemaligen US-Präsidenten Obama und wird für den Friedensnobelpreis vorgeschlagen. In jedem Fall ist Greta Thunberg ein Faszinosum, in der Art, wie sie mit ihrem jugendlichen Idealismus eine weltweite Diskussion entfacht. Das ist eine ungeheure Leistung für eine 16-jährige. Die Themen und Ziele von Fridays for Future sind dabei gut und wichtig: Der Schutz und Erhalt unserer Erde und der Schöpfung. Die Erwachsenen, die das Phänomen

Greta in Ihrer Radikalität befördern und befeuern, müssen sich aber die Frage gefallen lassen, wohin das führen soll.

Greta begann im Sommer 2018 mit ihren Protesten in Stockholm. Sie ging freitags nicht in den Unterricht, sondern demonstrierte vor dem schwedischen Parlament für den Klimaschutz. Zunächst schloss sich ihr keiner ihrer Mitschülerinnen und Mitschüler an, bis später ein medialer Hype begann. Ausgerechnet in Schweden wird der Greta-Hype eher zurückhaltend und kritisch betrachtet. Möchte Greta wieder eine normale 16-jährige Schülerin sein, die sich Sorgen ums Klima macht und weniger die von den Eltern geförderte Aktivistin? Ist es unfair, Greta Thunbergs Auftreten und Gedankenwelt auch unter dem Aspekt ihres Asperger-Syndroms zu diskutieren oder ist gerade das vonnöten? Die Greta-Thunberg-Begeisterung nimmt vor allem bei Deutschen quasi-religiöse Züge an, da hier die Offenheit für apokalyptische Szenarien besonders groß zu sein scheint, später mehr dazu.

Die Klimaaktivistin Greta Thunberg trifft den Papst, Thunberg spricht im EU-Parlament, Thunberg wird für den Friedensnobelpreis vorgeschlagen, Thunberg nimmt an Klimastreiks in halb Europa teil.

Die Absurdität des Ikonenkults zeigt sich am eindrücklichsten in der Familie Thunberg selbst. „Greta gehört zu den wenigen, die unsere Kohlendioxide mit bloßem Auge erkennen können. Sie sieht, wie die Treibhausgase aus unseren Schornsteinen strömen, mit dem Wind in den Himmel steigen und die Atmosphäre in eine gigantische unsichtbare Müllhalde verwandeln. Sie ist das Kind, wir sind der Kaiser. Und wir sind alle nackt“[1], schreibt etwa ihre Mutter, die als Klima-Aktivistin voll auf ihre Tochter setzt und dafür scheinbar auch das Kindeswohl einzusetzen bereit ist. Die Mutter und Klima-Aktivistin Malena Ernman hat publikumswirksam ein Buch über Greta, das Familienleben, die Erkrankung ihrer Tochter und den Klimawandel geschrieben.

„Szenen aus dem Herzen – Unser Leben für das Klima“ hat viele religiöse Züge. Wie man einem 16-jährigen Mädchen eine Überfahrt in die USA auf einer Yacht als Eltern und Sponsoren von Fridays for Future zumuten kann, ist eine Frage. Angst und Panik wären auf hoher See kein guter Ratgeber. Wenn von Greta die Rede ist, muss die Rolle der Eltern gemeint sein, wie auch der Akteure, die von dem medialen Hype profitieren. Auch die Firma „We don't have time“ von PR-Manager Ingmar Rentzhog aus Schweden muss hier erwähnt werden. Mit dem Greta-Hype lässt sich nämlich auch schnell gutes Geld verdienen. So wurde unter dem Motto „We don't have time“ in kurzer Zeit Millionen eingeworben.

In einem langen Facebook-Post reagierte Greta Thunberg auf Kritik an ihrer Person. Es gebe niemanden „hinter ihr“. Sie beschreibt aber darin, wie der Umweltaktivist Bo Thorén sie im Mai 2018 kontaktierte, der selbst zur radikalen Gruppe Extinction Rebellion gehört. Der Kontakt zu dem radikalen Thorén hat weiter Bestand. Ende Oktober 2018 trat sie bei einer Veranstaltung von „Extinction Rebellion“ in London auf.

Im Gegensatz zu Fridays for Future will Extinction Rebellion mit noch radikaleren Klima-Forderungen sogar Demokratie aushebeln. In einem Interview mit dem Magazin „Der Spiegel“ sagte Extinction Rebellion-Gründer Roger Hallam (53): „Wenn eine Gesellschaft so unmoralisch handelt, wird Demokratie irrelevant.“ Im Gegensatz zu Greta gibt es im ökologischen Lager aber auch kritische Stimmen. In 15 Tweets kritisiert die weit links stehende ehemalige Grünen-Gründerin Jutta Ditfurth Extinction Rebellion, die sie als esoterische Endzeit-Sekte beschreibt."

Roger Hallam, der Gründer der radikalen Klima-Aktivistengruppe Extinction Rebellion, sagte passend dazu bei Amnesty International im Februar dieses Jahres: „Wir werden die Regierungen zum Handeln zwingen, und wenn sie nicht folgen, dann werden wir sie stürzen und eine Form der Demokratie schaffen, die unsere Zwecke erfüllt. Und ja, dabei werden einige sterben.“[2]

Auch Carola Rackete, bekannt als medien-affine Kapitänin der Sea Watch 3, hat nur noch wenig für die aktuellen Zustände übrig, so schreibt sie in ihrem neuen Buch „Handeln statt Hoffen“ über die Demokratie: „Es ist ein schlechtes System, viel zu abhängig von der Lobby und viel zu sehr davon bestimmt, dass Berufspolitiker auf Wiederwahl aus sind“, und „Wir müssen Demokratie neu erfinden.“ Erst ging es ihr vermeintlich um die Rettung von Flüchtlingen, dann um die Rettung des globalen Klimas, nun ist die Rede von einer „Krise der globalen Gerechtigkeit“. Der neue Ökosozialismus hat es jedenfalls nicht so mit der Demokratie.

Auf die Frage, ob Greta in den USA Donald Trump treffen könnte, meinte sie, sie habe ihm nichts zu sagen. Jemanden, der keinem Experten zuhören wolle, könne sie nicht überzeugen: „Ich würde also meine Zeit nicht für ein Treffen mit ihm verschwenden“.[3] Diese Haltung ist für viele auf den ersten Blick nachvollziehbar, aber im Kern bedenklich. Nicht nur mangelnde Kompromiss-, sondern auch mangelnde Dialogfähigkeit ist der Kern der Polarisierung westlicher Gesellschaften. Wer nur in seiner Blase lebt und Andersdenkenden das Gespräch verweigert, macht immer einen Fehler. Das gilt für Trump und für Greta.

Für die neuen Populisten, links wie rechts, gilt Diskurs als ineffektiv und entscheidungsschwach. Demokratie, als Wille der Mehrheit, benötigt bei ihnen zudem keine rechnerische Mehrheit mehr. Statt dem demokratischen Grundprinzip der Mehrheit wird auf betroffene zukünftige Generationen auf „aufgewachten" Aktivisten verwiesen. Unsere Demokratie wird aber so ein Stück ausgehöhlt, wenn das Prinzip der Repräsentativität rhetorisch aufgeweicht wird.

Der Satz von Greta „Ich will, dass ihr in Panik geratet"[4] zeigt die Ähnlichkeiten der Denkmuster und politischer Agitationen von Greta und Trump. „Ich will eure Hoffnung nicht", sagte sie auf dem Weltwirtschaftsforum in Davos. „Ich will, dass ihr in Panik geratet, dass ihr die Angst spürt, die ich jeden Tag spüre."[5] Der gefühlte Kontrollverlust verbindet Migrations- und Klimadebatte, linke und rechte Emotionalität.

Thunbergs Auftritt bei den Vereinten Nationen, als bisherige Krönung ihres Protests, macht dies deutlich und ist dabei auf mehreren Ebenen kritikwürdig. „Menschen leiden. Menschen sterben. Ganze Ökosysteme brechen zusammen. Wir stehen am Anfang einer Massenausrottung, und alles, worüber ihr reden könnt, ist das Märchen vom ewigen Wirtschaftswachstum. Wie könnt ihr es wagen."[6] Radikale Sprache kann zu radikalen Maßnahmen verführen. Abgesehen davon ist ihre Kernbotschaft faktisch falsch. Noch nie gab es bessere Lebenschancen für junge Menschen. Für Millionen Bürger weltweit hat sich in den letzten Jahrzehnten der Zugang zu Gesundheitsversorgung, Bildung und Arbeit verbessert.

Hunger und Krankheiten sind weiterhin auf dem Rückzug. Aufgrund von Kapitalismus und Globalisierung ist die Welt insgesamt objektiv besser geworden und nicht schlechter.

Greta und Trump sind beide Angst-Unternehmer. Ihr politisches Geschäft ist das Schaffen und Ausnutzen von Unsicherheit. Aus dieser schaffen sie Angst, aus einem abstrakten Risiko wird schnell eine Bedrohung konstruiert, Bürger werden zu hilflosen Opfern von Migrations- und Klimakrisen und eine Spirale der Dauer-Empörung setzt ein. Wenn die Welt untergeht, ist für Rücksicht und Differenzierung kein Platz mehr. Wer einen Kontrollverlust befürchtet, neigt zu einseitigen und extremen Lösungen. Hier sind die Angstmacher in ihrem Element. Die Emotionalisierung der Politik, kombiniert mit apokalyptischen Visionen, sind Stilmittel, die man von Trump kennt und die von den Medien sehr geschätzt werden. Nie war es für Medien einfacher, Schocks und Entgleisungen zu präsentieren und sich damit Aufmerksamkeit, Zuschauerzahlen und Nutzergebühren sowie -daten zu sichern. Die Rhetorik der Angst beherrscht daher heute die Massenmedien, das Abwartende und Abwägende hat hier keinen Platz und findet sich höchstens noch im Nischenprogramm.

Angst und Panik sind in Mode, darauf folgt die Empörung. Die Lebenserwartung steigt, genau wie der Wohlstand, aber Angst hat dennoch Hochkonjunktur. Warum Angst und Panik bei den einen ein guter Ratgeber sein soll, bei anderen aber nicht, ist erklärungsbedürftig. Während die Linke vor der identitätspolitischen Wende eher positive Visionen wie Frieden und Gleichheit hatte, dominiert nun die Angst vor dem Klimawandel.

Der Philosoph Hans Jonas hat den Begriff der „Heuristik der Furcht“ geprägt. Er ist quasi ein geistiger Vater der Ökologie-Bewegung, weil er von der Überlegung ausgeht, die Menschheit könne sich und die ganze Erde vernichten. Nicht das Individuum, wie bei Kant, sondern die Menschheit als Ganzes steht im Zentrum dieser Dialektik, die intrinsisch fortschrittsskeptisch erscheint. Alle Innovationen sind potenziell bedrohlich, wenn nicht jede Fernwirkung bekannt ist.

Der Aufstieg von Trump und seine Präsidentschaft sind das wichtigste aktuelle Phänomen dieses Prozesses. Die Trump'sche Politik nutzt Angst und Panik meisterhaft. Einwanderer, auswärtige Feinde und linke Verschwörer innerhalb der staatlichen Bürokratie sind die Leinwand, die Trump für seine bombastische Erzählung von „Make America great again“ aufbaut. Das Ergebnis schafft einen Mythos, der für deutsche Zuschauer teilweise etwas von der „Dolchstoßlegende“ zu haben scheint. Dabei profitiert er von einer Polarisierung der amerikanischen Gesellschaft, die nicht sein Werk ist, sondern einem jahrzehntelangen Trend hin zu immer engeren Identitätsgruppen folgt.

Trump spricht auf dem Niveau eines Schülers, was in der Vermittlung von Politik heute scheinbar hilfreich ist. So ist er nicht, wie in Deutschland unterstellt, dumm, sondern eher geschickt im „Framing“ seiner kruden Weltsicht. Er ist sicher einzigartig in seiner Fähigkeit, für Empörung zu sorgen, ohne dass es ihm schadet. Es wäre allerdings gefährlich, seine Intelligenz zu unterschätzen. Trump bietet seinen Wählern sowohl rückwärtsgewandte Nostalgie an ein besseres, überlegenes Amerika („Make America great again“) als auch eine Versicherung, dass die Zukunft durch sein Wirken noch viel besser sein wird. Mit diesem Ansatz hat er Zielgruppen angesprochen, die früher teils zwischen Demokraten und Republikanern geteilt waren oder sogar vollständig im anderen Lager standen, etwa die Arbeiter in der Schwerindustrie. Die besten Indikatoren dafür, ob jemand Trump-Anhänger ist oder nicht, sind daher laut des amerikanischen Ökonomen Rothwell der Gesundheitszustand, die Mobilität und der Pessimismus. Trumps Politik hängt mit einer, vergleichsweise, ängstlicheren und pessimistischeren US-Bevölkerung zusammen.[7] Der Hang zum Autoritären, zur starken Vaterfigur, ist dabei kein rein US-amerikanisches Phänomen, wie man auch in Ungarn oder Polen sehen kann. Trump mobilisiert zudem den Ärger der Landbevölkerung. Er knüpft dabei an bekannte Stereotype an: Gute, einfache Menschen vom Land kämpfen gegen verdorbene Eliten aus der Stadt.

„Mein Vaterland heißt Mutter Erde“[8], twitterte Jan Böhmermann im Februar 2019 und spiegelt damit unbeabsichtigt die zwei aktuellen zentralen Gedankenwelten. Natürlich ist das Wirken einer 16-jährigen auf einer anderen Ebene als das eines US-Präsidenten und insofern nur schwer vergleichbar. Relevant ist aber das übergeordnete Ideengebäude der beiden aktuell zentralen Strömungen, die den Zeitgeist bestimmen. Die Konzentration auf ein Angst einflößendes Thema, bei dem es nur Schwarz und Weiß gibt, verbindet diese beiden zentralen Leitfiguren unserer Zeit.

Auf Deutschland bezogen stellt sich dennoch die Frage: Warum wachsen die Wählerschaften der Grünen und der AfD quasi symbiotisch? Beide verbindet die Fixierung auf EIN emotionales Thema: Ökologie bzw. Nation. Eine weit verbreitete Angst vor der Zukunft verbindet links-grüne und rechtspopulistische, identitäre Gesellschaftsbilder. Die Klimaapokalypse ist die Verschärfung des grünen Leitmotivs der Umweltzerstörung, Rechtspopulisten leben dagegen von den Ängsten der Überfremdung.

Der Populismus der frühen AfD mischt sich heute immer stärker mit nationalistischem, rassistischem und reaktionärem Gedankengut. Im medialen Auftreten arbeiten beide mit ähnlichen Stilmitteln. In der Erregungsdemokratie verstehen es beide, durch bewusste Überspitzungen Aufmerksamkeit und Empörung gezielt zu erregen. In der neuen Welt der Öffentlichkeit wird Aufmerksamkeit ein Wert an sich, ein dauerhafter identitärer Populismus stärkt die Rechtspopulisten. „Je länger sie über Identitätspolitik sprechen", erklärte Steve Bannon, Ikone der amerikanischen Neuen Rechten, „desto früher kriege ich sie. Ich will, dass sie jeden Tag über Rassismus sprechen. Wenn die Linke sich auf die Themen Rasse und Identität konzentriert, können wir sie zermalmen."[9]

Gleiches gilt auch für Deutschland. So meint der Politologe Lochocki im Interview[10]: „Die politischen Prozesse, die die AfD stark machen, machen auch die Grünen stark, und umgekehrt. Der Erfolg der AfD und der Erfolg der Grünen sind zwei Seiten der gleichen Medaille."[11]

Selbst im politischen Raum ist die Erkenntnis über das Spiel mit der Angst langsam angekommen. „Die Grünen versuchen im Moment, alles Elend dieser Welt zu reduzieren auf die Frage des Klimawandels", sagte etwa der kommissarische SPD-Vorsitzende Thorsten Schäfer-Gümbel der Tageszeitung Tagesspiegel. Nach seiner Ansicht sei die Strategie der Grünen genauso falsch wie die Politik der AfD, die die Migrationsfrage zum Übel der Welt erklärt habe. „Beides verkürzt Politik in grotesker Weise."[12]

Identitätspolitik hilft, andere Argumente zu ignorieren, statt sich mit den Dingen auseinanderzusetzen. Das Problem einer hypermoralisch aufgeladenen grünen Energie- und Klimapolitik zeigt sich rational schon im Widerspruch, fossil erzeugte Energie vermeiden zu wollen, jedoch auf den Beitrag der CO_2 freien Kernenergie zu verzichten. Wer den Ausstieg aus der Kohle nach dem Ausstieg aus der Kernenergie vollziehen will, begibt sich in ein argumentatives Problem. Auf moralischer Ebene mögen diese Einzelentscheidungen alle richtig sein. Ihre Umsetzbarkeit in der Realität dagegen ist äußerst zweifelhaft und die negativen Auswirkungen bereits frühzeitig kalkulierbar.

Der Green New Deal (GND) will ein radikal neues Wirtschafts- und Gesellschaftssystem. Während der ursprüngliche New Deal von US-Präsident Franklin D. Roosevelt ein im Kern sozialdemokratisches Projekt war, beschreibt der neue grüne Deal von Alexandria Ocasio-Cortez aus New York eine Art ökologisch-sozialistische Transformation der Gesellschaft. Religion, Geschlecht, Alter und andere vermeintliche identitäre Themen stehen ganz oben auf der Veränderungsliste des GND. Der Green New Deal ist am Ende aber ein Instrument zur Beschneidung der bürgerlichen und wirtschaftlichen Freiheit.

In Europa zogen die europäischen Grünen mit dem Manifest „A Green New Deal for Europe"[13] in 2009 in den Europawahlkampf und legten ein umfassendes ökologisches und wirtschaftspolitisches Konzept als Antwort auf die europäische Finanz- und Wirtschaftskrise vor. Was 2009 keine größere Rolle spielte, bestimmt 2019 die

Debatte in Deutschland. Während der Eurokrise wurde den Lehren der ökologischen Wirtschaft und Gesellschaft ein geringerer Stellenwert beigemessen. Die konkreten Probleme der Menschen in einer Wirtschaftskrise ließen scheinbar wenig Raum für Gedanken über Nachhaltigkeit. Aktuell wird dagegen jede Wetterschwankung als Beleg für die Klimakatastrophe gedeutet.

Dieses Denken ist aber problematisch. Ob Waldsterben, Rinderwahn, Gentechnik, Feinstaub, NO_2 oder andere Phänomene: Gefahren wurden häufig übertrieben, Horror-Szenarien ausgemalt. „Emotio schlägt Ratio". Das Fremdeln der Grünen mit der Wissenschaft gehört zu ihrer Geschichte. Sogar der Computer und das Internet wurden lange verteufelt, vom Atomtod durch Atomraketen oder Atomkraftwerke ganz zu schweigen. Auch Kritik an Mobilfunkmasten und nun an 5G kommt meist aus der grünen Ecke. Angst ist mit Sachlichkeit und Argumenten nicht zu begegnen. Immerhin: Teilen der Grünen Jugend und manchen Basis-Mitgliedern ist das bewusst geworden.

So veröffentlichten etwa Paula Piechotta und Till Westermayer einen Titel „Vom schwierigen Verhältnis zwischen Grün und Wissenschaft".[14] Darin schreiben sie: „Wir neigen zur Rosinenpickerei", „wir fordern als Grüne Wissenschaftlichkeit gerne in den Themenfeldern ein, in denen sie uns selbst zupass kommt – und in anderen nicht. Etwas spöttisch zugespitzt: alles mit Atomen und Genen ist uns nicht ganz geheuer. Da endet das Plädoyer für Forschungsfreiheit ganz schnell."

Die Liste lässt sich fast beliebig fortführen. Beim Thema Gesundheit ist es etwa die Homöopathie. Kritik an diesen Wundermitteln wird von grünen Gesundheitspolitikern wie die Abgeordnete Ulle Schauws gerne mit Verschwörungstheorien der Pharmaindustrie abgetan. Auch der grüne Gesundheitsminister aus Baden-Württemberg Manfred Lucha setzt sich vehement für Homöopathie ein, die noch stärker erstattet werden sollte, obwohl sie nachweislich nicht wirkt. Aber wissenschaftliche Erkenntnisse sind eben nur valide, wenn sie auch dem moralischen Kompass folgen. Ähnliches gibt es auch zum Impfen. Hier finden sich eine Reihe an kritischen Stimmen, die eher esoterisch als wissenschaftlich beeinflusst sind und sobald die Worte Gen oder Atom fallen, werden alle rationalen Argumente ausgeblendet. Eingriffe von neuen Gentechniken wie CRISPR sind nicht immer von natürlichen Veränderungen der Pflanzen zu unterscheiden, vor allem aber versprechen sie enorme Fortschritte bei der Ernährung der Weltbevölkerung, bei der Verbesserung der Gesundheit und auch eine Entlastung für Klima und Umwelt. Das wird aber gerade von Grünen häufig ignoriert oder gar bestritten.

Die deutsche Geschichte zeigt, dass die Grünen Katalysator für Ängste waren und bleiben: ob saurer Regen oder Waldsterben, von der Friedensbewegung bis zum Nato-Doppelbeschluss, von Tschernobyl bis Fukushima. Auch in den 1980er- und 1990er-Jahren waren Demonstrationen gegen Waldsterben, Friedensdemonstrationen oder Proteste gegen die Atomkraft vor allem von jüngeren Menschen geprägt. Der Tenor klang damals ähnlich wie heute: Der Untergang naht, wir werden die Jahrtausendwende nicht erleben, der Planet muss gerettet werden. Das Ende der Welt mit eschatologischen Sätzen zu verkünden, ist also nichts ganz Neues, nur wird jetzt eine andere Geschichte und diese noch mit dramatischeren Worten und unter Ausnutzung der digitalisierten Massenmedien erzählt. Eschatologie, die Lehre von den letzten Dingen, ist heute grün. Auch die christliche Ethik der Askese und des Verzichts wird in der Erwartung des Weltuntergangs nun grün neu interpretiert. Wenn das Reich Gottes nahe ist, machen die irdischen Freuden keinen Spaß mehr. Insofern ist nicht nur beim Essen Verzicht angesagt, auch Keuschheit und „Birth strike" – der Verzicht auf Nachwuchs – kommen in Mode. Fortschritt, Wachstum, Freude und Genuss haben in der neuen ökoapokalyptischen Welt keinen Platz.

Der Historiker Frank Biess sieht dabei eine Verbindung zwischen den scheinbar so gegensätzlichen Parteien Grüne und AfD. In einem Interview mit der Zeitung Die Welt sagte er, dass beide ihre Wähler über Ängste mobilisieren. Der Historiker wörtlich: „Bei der AfD ist es die Migration und bei den Grünen das Katastrophenszenario des ungebremsten Klimawandels."[15] Bei den Grünen sieht der Historiker jedoch eine Lernkurve: Sie hätten verstanden, dass man mit „apokalyptischen Szenarien" vorsichtig sein müsse. Stattdessen müsse man die Situation „realistisch beschreiben und Handlungsoptionen aufzeigen. Den Grünen und den Klimaaktivisten gehe es darum, „in weltweiter Solidarität gemeinsam den Klimawandel zu bekämpfen". Beim AfD-Angst-Thema Migration gehe es hingegen um „eine Einschränkung der Solidarität, eine Abgrenzung nach außen". Natürlich ist die grüne Angst zunächst weniger destruktiv und gefährlich. Aber Angst ist in einer Demokratie generell nicht förderlich. Aus Panik werden Empörungs-Wellen, und es entsteht eine um sich greifende totale Kompromisslosigkeit. Die Auswirkungen dieser Entwicklung werden immer sichtbarer, in der Gesellschaft wie auch in den Parlamenten.

Die AfD ist nicht nur eine Reaktion auf die „Euro-Rettungspolitik" von Angela Merkel. Erst die Migrations-Debatte ab 2015 sorgte für den Durchbruch der AfD bei Wahlen. Wer Debatten im Bundestag verfolgt, dem wird auffallen, dass die AfD auch ein Stück kulturelle Gegenreaktion auf grünen Lifestyle und politische Korrektheit ist. Die reflexhafte Dämonisierung der AfD, die von den Grünen ausgehend über die SPD bis in die FDP wirkt, birgt aber das Risiko, dass konservative Positionen, die vielleicht sogar einem Mehrheitsgefühl der Bevölkerung entsprechen, nicht mehr im demokratischen Spektrum abgebildet werden. David Goodhart hat in seinem Buch „The Road To Somewhere" vor dem Hintergrund des Brexit dies als „decent populism" bezeichnet und von einfachen Werten gesprochen, die eigentlich den Common Sense prägten wie ehrliche Arbeit und Wohlstand, Familie sowie Heimatverbundenheit. Insofern ist die Ausgrenzung dieses Spektrums kein Gewinn, sondern birgt neue Risiken der Spaltung. Der frühere Bundespräsident Joachim Gauck wünscht sich eine erweiterte Toleranz in Richtung rechts: „Wir müssen zwischen rechts – im Sinne von konservativ – und rechtsextremistisch oder rechtsradikal unterscheiden".[16]

Die AfD ist seit ihrer Gründung ohne Zweifel immer weiter nach Rechtsaußen gerückt. Die zunehmende Radikalisierung der Partei und ihrer Positionen hat bei Wahlen aber nicht geschadet. Während andere Bewegungen wie der Front National versuchen, in die Mitte zu rücken, um Wahlen zu gewinnen, ist bei der AfD das Gegenteil der Fall.

Mit ihrer Namenswahl setzte sich die AfD dem damaligen Credo von Bundeskanzlerin Merkel entgegen, die Rettung des Euro sei alternativlos. Doch neben den

Themen Euro, Griechenland und Europa wurden bald Integration, Islam und Flüchtlinge oben auf die Tagesordnung gesetzt. Der erzwungene Abgang von Gründer Bernd Lucke beschleunigte dieses Phänomen. Nach den Wahlerfolgen 2014 vor allem im Osten formierte sich ein eher rechtsnationaler, völkischer Flügel. Durch die PEGIDA-Proteste in Dresden kam es zu einem Richtungsstreit. Der ultra-rechte Zusammenschluss „Der Flügel" und die „Erfurter Resolution" leiteten eine nationalistische Phase in der AfD ein, die von der Flüchtlingsdebatte ab 2015 weiter verschärft wurde. Die Radikalisierung der AfD ging nun völlig ungehemmt weiter. Im Landtag Sachsen-Anhalt forderte André Poggenburg zudem, „linksextreme Lumpen" sollten von „deutschen Hochschulen verbannt" und „statt eines Studienplatzes lieber praktischer Arbeit zugeführt werden". Laut dem AfD-Landesvorsitzenden solle alles getan werden, „um diese Wucherung am deutschen Volkskörper endlich loszuwerden". In der berüchtigten Rede von Bernd Höcke Mitte Januar 2017 bezeichnete er das Berliner Holocaust-Denkmal als „Denkmal der Schande" und forderte eine „Erinnerungswende um 180 Grad".[17] Der AfD-Landesvorsitzenden von Baden-Württemberg, Uwe Junge, forderte gar auf seinem Twitter-Account: „Der Tag wird kommen, an dem wir alle Ignoranten, Unterstützer, Beschwichtiger, Befürworter und Aktivisten der Willkommenskultur im Namen der unschuldigen Opfer zur Rechenschaft ziehen werden! Dafür lebe und arbeite ich. So wahr mir Gott helfe!". Weiterhin stehen mehrere Mitarbeiter von AfD-Abgeordneten im Verdacht, aktive oder ehemalige Aktivisten und Anhänger rechtsradikaler Organisationen zu sein. Die Entscheidung des Verfassungsschutzes, die Junge Alternative zu beobachten, ist daher nachvollziehbar und notwendig, gerade im Hinblick auf die rechtsextremen Anschläge auf den Regierungspräsidenten Walter Lübcke und auf eine Synagoge in Halle.

„Das Hohelied auf die bäuerliche Landwirtschaft, (…) die Abscheu vor Kommerzialisierung und Massenkonsum kamen von rechts", sagt der ehemalige Vorsitzende der Grünen Ralf Fücks, und „auch Vegetarismus und Biolandbau, Homöopathie und Anthroposophie waren und sind nicht per se fortschrittlich. Man findet sie als Zutaten völkisch-faschistischen Denkens wie in entgegengesetzten Milieus."[18] Die „Urschrift der Ökologiebewegung, der 1972 unter dem Titel *Grenzen des Wachstums* publizierte Report", sei „von einem autoritären Grundton durchzogen." Die Bundeszentrale für politische Bildung hat diese Gemeinsamkeiten sachlich aufgearbeitet. Gentechnik sei „ein schwerwiegender Eingriff in die Natur"[19] und eine „Zerstörung unserer Nahrung". Genmais schädige nachweislich die Leber von Ratten und stelle auch für die menschliche Gesundheit eine Gefahr dar. Gentechnik sei „ethisch nicht zu vertreten", ihm und seiner Partei seien „Natur und Schöpfung heilig": Das könnte von den Grünen sein, ist aber von der NPD. Sogar eigene Öko-Zeitschriften hat die rechtsextreme Szene, etwa *Umwelt & Aktiv*, in der Tipps zur Dachbegrünung neben Rezepten für altgermanischen Met stehen. Der NPD-Jugendverband Junge Nationaldemokraten (JN) protestiert gegen Tierversuche. Fazit der Bundeszentrale: „Für Blut-und-Boden-Ideologen ist es geradezu ein zwingender Gedanke, dass ein gesundes Volk auch eine gesunde Natur brauche. Mit diesem Denken stehen NPD & Co. nahtlos in der Tradition der deutschen Umweltbewegung, viel mehr übrigens als die Grünen oder Greenpeace. Die Wurzeln des Naturschutzes in Deutschland waren nämlich nicht links, liberal oder anarchistisch, sondern vor allem konservativ, nationalistisch und völkisch.“

Von der Antike bis in die Neuzeit deuteten viele Religionen und Glaubensrichtungen jede Naturkatastrophe oder Hungersnot als Vorzeichen der Apokalypse. Deutschland war und bleibt mit seiner romantischen Tradition besonders offen für dieses Denken. Zeit seines Lebens war Martin Luther von der Endzeit überzeugt: „der letzte Tag ist auf der Schwelle“, „und die Welt würde „keine 100 Jahre mehr dauern“. Heute gibt es neue Angebote und Erklärungen und öko-fundamentalistische Weltbilder.[20] Ob das religiöse Element nicht eine gewisse Enttäuschung irgendwann hervorrufen wird, ist eine andere Frage, denn in der Logik der Klimabewegten kann niemals ausgerufen werden, die Erde sei gerettet. Ein Blick zurück zeigt Gemeinsamkeiten linker Protestbewegungen. Ob Waldsterben, Friedensdemonstrationen oder Protest gegen die Atomkraft, damals wie heute wurde gesagt: „Wir müssen die Welt retten“. Eschatologische Sätze, die vom Ende der Welt künden, heute aber von Massen-Medien breit getragen werden. Lässt sich die Welt als Ganzes überhaupt „retten“?

Wissenschaftler der US-Zeitschrift Science legten bereits in den 1960er-Jahren das Datum des Weltuntergangs fest auf den 13. November 2026, das erscheint bei der Lektüre heutiger Untergangsszenarien wieder aktuell. Während der Umweltjournalismus mit einfachen Analysen und Lösungen daherkommt, ist die hochkomplexe wissenschaftliche Materie mit multikausalen Wechselwirkungen differenzierter. Komplexität wird ausgeblendet, die Berichterstattung ist uniform und einseitig. Unterschiedliche Thesen von Wissenschaftlern abzuwägen, findet nicht mehr statt, der Drang zur Uniformität ist groß. Berechtigter Sorge um Natur und Klima tut man aber so keinen Gefallen.

Die Faszination an Untergang und Endzeit ist ein inhärentes Merkmal der Umweltbewegung, vor allem in Deutschland. Die Apokalypse sei, so der französische Anthropologe Pierre-Yves Gaudard, „ein immer wiederkehrendes Thema germanischer Kultur".

Ökoritäres Denken: der grüne Flirt mit Öko-Diktatur und Gewalt

Wir leben sicher nicht in einer Öko-Diktatur. Aber die Frage ist, ob manche Prozesse und Argumentationen bereits heute Muster aufweisen, die aus einer apokalyptischen Beschreibung der Gegenwart heraus grüne Utopien aufzeigen, die quasi alternativlos eine revolutionäre Umwälzung der liberalen Demokratie und der sozialen Marktwirtschaft notwendig machen. Da es für eine „gute Sache" ist, wäre dies für relevante Strömungen nicht denkbar? Was wäre, wenn sich Klima-Radikale politisch durchsetzen? Einschränkungen des Rechts auf individuelle Entfaltung und der Freizügigkeit werden immer populärer, gerade im Kampf für eine vermeintlich höhere Sache.

Die Untergangsrhetorik angesichts des Klimawandels ist daher in hohem Maße gefährlich. Für eine offene Gesellschaft ist sie geradezu tödlich gefährdend. Denn der Gedanke, einem Zweck, dem alles andere unbedingt unterzuordnen ist, war und ist bedrohlich für Systeme und Gesellschaften, die Pluralität, Kreativität und Wahlfreiheit schätzen.

Dieser Malthusianismus ist für moderne links-grüne Bewegungen ein konstitutives Element. Was vor über

250 Jahren der britische Ökonom Robert Malthus zu den Gefahren der Überbevölkerung sagte, ist nachweislich falsch, denn sein statistisches Weltbild ließ alle dynamischen Veränderungen außen vor. So warnte er in seinem „Essay on the Principle of Population" von 1798 vor den Gefahren der Überbevölkerung. Eine steigende Zahl an Menschen führt allerdings nicht zwangsläufig zur Verelendung. Produktivitätssteigerungen, Innovationen und gesellschaftliche Fortschritte haben dies ermöglicht. Aber die Ideen von Malthus wirken bis heute nach, so warnt nicht nur der Club of Rome bereits seit Jahrzehnten vor den „Grenzen des Wachstums". Humanistisch oder gar „sozial gerecht" war das Denken von Malthus aber nicht gerade, was seine neuen Jünger ausblenden. Direkte Hilfe für Arme und Schwache lehnte er ab, um die Mittellosen nicht zu noch größerer Fruchtbarkeit zu verlocken. Die von ihm gefürchtete „Bevölkerungsfalle" führt zu moralischen Abgründen. Die links-grünen Erben von Malthus fordern nun ein Ende des Wachstums und Verzicht in der ersten Welt. Der ökologische Fußabdruck dient ihnen hier als die neue Maßeinheit, wer würdig und wer unwürdig ist.

Der Mensch wird in dieser Geisteshaltung enthumanisiert, er wird allein zum größten Umweltproblem. Folgerichtig fordern Antinatalisten daher das Ende der Fortpflanzung, wie ihr Vordenker Théophile de Giraud. Der Antinatalismus ist die philosophische Überzeugung, dass die Menschheit aufhören sollte, sich fortzupflanzen. Der Ausdruck leitet sich vom lateinischen „natalis", zur Geburt gehörig, ab. Die mehr als gewagte, im Kern inhumane, These der Bewegung lautet: Eltern machen sich ihrem Kind gegenüber immer schuldig, indem sie es ungefragt ins Leben bringen. Raphael Samuel etwa, ein

27-jähriger Inder, will seine Eltern verklagen, weil sie ihn zur Welt gebracht haben.[1] Zum Glück sind bis dato die Chancen eher gering, dass solcherlei Klagen in den bestehenden Rechtssystemen Umsetzung erfahren. Dennoch ist das „Fernziel" der propagierten „natalen Enthaltsamkeit" klar, „das Aussterben der Menschheit". Der „Kampf der Frauen um Selbstbestimmung" hat für Karim Akerma deshalb „ein antinatalistisches Potential". Hedwig Dohm oder andere Feministinnen wie etwa Rosa Mayreder werden daher zum Teil als „scharfsinnige Vertreterin des Feminantinatalismus" gewürdigt. Auf die Spitze treibt es eine Lehrerin, die Kinderleben mit CO_2 verrechnet.[2] Die Weltrettungs- und Klimaobsession verabschiedet sich spätestens hier ein Stück von zentralen humanistischen Grundwerten.

Keine Kinder für das Klima, wegen der Überbevölkerung und des resultierenden CO_2-Fußabdrucks eines Menschen, das ist die These der Autorin Verena Brunschweiger. „Ein Kind ist das Schlimmste, was man der Umwelt antun kann. Jedes ungeborene Kind bedeute eine CO_2-Einsparung von rund fünfzig Tonnen im Jahr."[3] Muss man mit einer solchen Haltung nicht auch an Suizid oder Genozid denken?

So meint die Klimaforscherin Helga Kromp-Kolb: „Panik ist an sich ein schlechter Ratgeber, weil man darauf entweder mit Flucht oder mit Erstarrung reagiert."[4] Der Historiker Wolfgang Behringer verweist in „Kulturgeschichte des Klimas. Von der Eiszeit bis zur globalen Erwärmung" auf die teilweise dramatischen Klimaschwankungen der Vergangenheit und plädiert für mehr Gelassenheit. Lethargie und Gleichgültigkeit sollten vermieden werden, Sorge und Angst sind berechtigt.

Diese Gelassenheit findet sich allerdings immer

weniger in unserer und anderen liberalen Gesellschaften. Straftaten für das Klima? Autonome haben zum Beispiel in Köln-Ehrenfeld Geländewagen der Marke Porsche abgefackelt. Freundlicherweise nennen sie in einem anonymen Bekennerschreiben auch die Gründe für ihr Tun: „Wir wollen uns mit dieser konkreten Maßnahme friedlich für die Begrenzung der klimaschädlichen CO_2-Emissionen einsetzen".[5] Man solle generell große Autos anzünden. Sollte das nicht möglich sein, solle man die Reifen zerstechen, den Lack zerkratzen oder die Scheiben einschlagen.

Der Hass nimmt zu, vor allem in den sozialen Medien, und kommt meistens besonders aggressiv von Rechts- und Linksaußen. Während Rechtsradikale sich durch eine Migranten-Flut bedroht sehen, befürchten Klima-Aktivisten den 3. Weltkrieg und die Apokalypse. Wer dies glaubt, fühlt sich in einer Notwehr-Situation, die das Überschreiten bestehender Grenzen und Normen rechtfertigt.

Der erste politische Mord in den Niederlanden seit hunderten Jahren beging kein Rechtsextremist, sondern ein Ökologist. 2002 wurde Pim Fortuyn auf einem Parkplatz erschossen, der bekennende Homosexuelle war zwar Islamkritiker, aber sicher kein Rechtsradikaler. Der Täter hatte sein Opfer aus nur einem Meter von hinten mit sechs Schüssen regelrecht hingerichtet.

Es waren wohl auch Aussagen von Fortuyn wie „Wählt mich, dann dürft ihr Pelzmäntel tragen", die den Attentäter Volkert van der Graaf zu seinem Mord motivierten: Er war Mitglied verschiedener Umweltorganisationen. Der radikale Veganer und Tierschützer wusste genau, was er tat. Seine Tat bereute er nach eigenen Aussagen bis heute nicht, eine Entschuldigung bei Angehörigen blieb für ihn undenkbar.

Der Säureangriff auf Innogy-Vorstand Bernhard Günther war eventuell auch kein Zufall, sondern möglicherweise politisch motiviert. Bereits mehrere Jahre zuvor war Günther überfallen und zusammengeschlagen worden. „Einer hat mich zu Boden geworfen und festgehalten. Der andere hat ein Gefäß geöffnet und über mir entleert. Die Staatsanwaltschaft Wuppertal musste das Ermittlungsverfahren wegen des Säureattentats einstellen."[6]

Die Zahl der politisch motivierten Gewalttaten in Nordrhein-Westfalen ist im letzten Jahr deutlich gestiegen.[7] Schuld daran ist vor allem der Kampf um den Hambacher Forst. Auch Innenminister Herbert Reul (CDU) meinte bei der Vorstellung des neuen NRW-Verfassungsschutzberichtes, der Anstieg sei vor allem durch Taten von Linksextremisten in diesem Bereich verursacht worden.

Aus der Sicht der Aktivisten ist das nur konsequent. „Die Besetzung des Hambacher Forstes war nie ein rein friedliches Projekt"[8], meinten Protagonisten von hambacherforst.org. Auf ihrer Homepage bekennen sich die Waldbesetzer zur Anwendung von Gewalt und schließen dabei auch Gewalt gegen Menschen nicht explizit aus. Sie sagen vielmehr: „Und NEIN, es waren nicht 50.000 friedliche Demonstrant_innen die den Wald bisher verteidigt haben. Es waren viele, viele unabhängige Gruppen die unterschiedliche Wege gewählt haben. Ob Molotowcocktail oder Rechtsstreit mit RWE."

Elefterya Hambi steht stellvertretend für diese Bewegungen, sie selbst bezeichnet sich als Internationalistin. Für einige Zeit lebte sie nach eigenen Angaben im Hambacher Forst und kämpfte zudem in den Reihen der YPJ in Syrien.[9] Beim Hambacher Forst geht es jedoch nicht um die Bäume, sondern um die „Idee einer Revolution" und ein „Symbol des Widerstands" gegen den Kapitalismus. Deshalb hält Elefterya öffentlichkeitswirksam neben ihrem Hambi-Stoffhund auch die Kalaschnikow im Arm – nicht nur symbolisch.

Der Philosoph und Schriftsteller Wolfram Eilenberger warnte mit Blick auf solche Ideale im Deutschlandfunk vor der „Dystopie eines Ökofaschismus".[10] „Wie wahrscheinlich oder unwahrscheinlich wäre es, dass eine derart gelenkte Gesellschaft alsbald Sprechweisen etablieren würde, die den einst obligatorischen ‚Genossen XY' durch den ‚Umweltschützenden XY' ersetzten? Den auszumerzenden ‚Volksfeind' durch einen ‚Feind des Lebens'? Und in der aus der einen, einheitlichen, prinzipiell wahrhabenden ‚Partei' eben der eine ökologisch-wissenschaftliche Parteienrat würde, der ‚im Namen der Natur' immer Recht hat?"

Was bis vor Kurzem undenkbar war, wird durch die apokalyptischen Töne nun möglich. Sollen Rentner ihr Wahlrecht abgeben? Die Begründung für die Abkehr vom Demokratie-Prinzip in einem Artikel der taz ist besonders krude. Die Älteren hätten bei der Europawahl mehrheitlich nicht die Grünen gewählt, was den jungen Menschen schade. Deshalb schlägt die Kolumnistin Johanna Roth vor, „Unschuldige vor einer in fundamentalen Fragen inkompetenten Wählerklientel zu schützen".[11] Wähler der Grünen sind die besseren Wähler, alle anderen sind dumm, und besonders verdächtig, wenn sie älter sind. Wenn der Wähler nicht bald mit absoluter Mehrheit eine Öko-Diktatur einrichtet, sind wohl andere Mittel denkbar bzw. notwendig. „Die Alten gefährden die Jungen. Was wir brauchen, ist eine Epistokratie der Jugend."

Die taz träumt häufiger von dem „Ruf nach dem Öko-Diktator": „Der Ruf nach dem Ökodiktator, der das einfach alles durchdrückt, was der Umwelt hilft, ist philosophisch – und unrealistisch. Fast 80 Prozent der Deutschen halten es für ‚äußerst problematisch', wie der Mensch die Natur behandelt. Dass er selbst die größte Zumutung ist, merken wir aber wohl leider erst, wenn es richtig weh tut."[12]

Die Wochenzeitung „Freitag" meinte bereits im Januar dieses Jahres: „Öko-Diktatur? Ja bitte! Tempolimit, Flugverbot, Kohleausstieg: Hartes Eingreifen rettet den Planeten. Auf einem toten Planeten gibt es keine Arbeitsplätze."[13]

Während moderate grüne Vordenker den Umbau der sozialen Marktwirtschaft anstreben, ist für andere der Systemwechsel das Ziel. Ob Fridays for Future oder die radikalere Extinction Rebellion: Beide greifen immer mehr anti-kapitalistische Motive auf, auch wenn Fridays for future tendenziell sehr viel gemäßigter auftritt. Extinction Rebellion macht sogar Veranstaltungen über eine irrationale, antihumane „Tiefenökologie". Diese Pseudo-Wissenschaft namens Tiefenökologie („Deep Ecology") leugnet den Menschen als soziales Wesen. Für sie gilt, ein Mensch ist nicht mehr wert als ein Tier oder eine Pflanze. Die daraus erwachsenden Konsequenzen sollten jedem klar sein.

Auch die grüne Heinrich-Böll-Stiftung schließt sich der Fundamentalopposition an. So meint eine Publikation der Stiftung, die „Energierevolution" sei nur dann möglich, wenn die westliche Welt sich von der Vorstellung verabschiede, die üblichen marktwirtschaftlichen

Regulierungen weiterhin zu verwenden. Emissionsrechte ergeben keinen Sinn, ein radikal anderes Gesellschafts- und Wirtschaftsmodell müsse her.[14] Der Wissenschaftliche Beirat der Bundesregierung „Globale Umweltveränderungen" mit dem Klimaforscher und -aktivisten Hans Joachim Schellnhuber will ebenfalls eine vollständig neue Wirtschaftsordnung, „einen Umbruch, der in seiner Reichweite allenfalls der Neolithischen und der Industriellen Revolution vergleichbar sei".

Der als DDR-Dissident und ehemalige Bündnis-90-Sprecher bekannte Jens Reich wünschte sich einen mächtigen „Ökorat", der ohne Rücksicht auf das „Legislaturperioden-Gewusel" und die „impotenten politischen Strukturen" seine Entscheidungen zum Wohl aller trifft, denn der Welt drohe „ein schlagartiger Kollaps".

Auch Fridays-for-Future-Aktivistin Luisa Neubauer meinte im WELT-Interview, „demokratische Prozesse brauchen zu lange und bei der Klimakrise könne man nicht weit genug gehen".[15] Dennis Meadows, der heute als Nachfolger von Malthus von Grenzen des Wachstums spricht, traut der parlamentarischen Demokratie bis heute nicht zu, die geforderte „Wende zum weniger" durchzusetzen.

Merke: Eine selbst ernannte Avantgarde, meistens mit idealistischer Jugend, hat in so ziemlich jeder Diktatur den Anspruch gehabt, im vermeintlich übergeordneten Interesse voranzuschreiten, auch wenn die breite Masse es einfach noch nicht einsehen will. Roger Hallam, der Gründer der radikalen Klima-Aktivistengruppe Extinction Rebellion, wurde in London festgenommen, weil er den Flughafen Heathrow mit einer Drohne lahmlegen wollte. Der absolute Anspruch, auf der Seite des Guten und der Moral zu stehen, kombiniert mit radikalen Endzeit-Prophezeiungen, führt nicht nur weg von der Demokratie, sondern auch oft hin zu Rechtsbruch und Gewalt.

So ist das bereits genannte Zitat von Roger Hallam ernst zu nehmen. „Wir werden die Regierungen zum Handeln zwingen. Und wenn sie nicht handeln, dann werden wir sie stürzen und eine Demokratie erschaffen, die tauglicher für den Zweck ist. Und ja, manche könnten in diesem Prozess sterben." Auch bei der Roten Armee Fraktion ging es zunächst mit Demonstrationen los, dann kam Gewalt gegen Sachen und schließlich auch gegen Personen. Kann es bald so etwas wie eine Grüne Armee Fraktion geben, nur unter anderem Namen? Jutta Ditfurth nannte Extinction Rebellion zu Recht eine „Endzeit-Sekte". Die Symbolik, wie das Verschütten von Kunstblut, um auf das angeblich schon in wenigen Jahren drohende Aussterben der menschlichen Spezies aufmerksam zu machen, zeigt die Radikalisierung im Denken.

Wie weit darf man gehen für seine Ideale? Kann ein abschüssiger Weg von Idealismus zu Gewalt und Terror führen? Die Netflix-Serie „Wir sind die Welle", angelehnt an das Sozialexperiment „The Third Wave" und das Buch „Die Welle", zeigt, wie Bewegungen entstehen und sich Gruppendynamiken verändern können. Es scheint, die Wirklichkeit hat die Realität eingeholt.

Werden irgendwann kleine Gruppen beschließen, es müsse jetzt endlich gehandelt werden, um den Planeten zu retten? Es ist wohl sinnvoll, dass zumindest die besonders auffälligen radikalen Akteure von Extinction Rebellion vom Verfassungsschutz überprüft und gegebenenfalls überwacht werden. Da es hier sektenhafte Elemente gibt und Todesdrohungen öfter vorkommen, ist Vorsicht geboten. Bisher ist die Auffassung der Verfassungsschutzbehörden, dass Extinction Rebellion nicht extremistisch sei. Bei der „Rebellion gegen das Aussterben“ sind aber anti-demokratische und anti-parlamentarische Strömungen genauso präsent wie friedfertige Aktivisten. Wer genuin keinen Widerspruch zulässt, hat aber ein Problem mit demokratischen Grundprinzipien. Das Demokratieverständnis des Extinction-Rebellion-Gründers Roger Hallam ist mit Verfassungsprinzipien nicht vereinbar, bei einzelnen Aktivisten ist dies auch der Fall. Der Verfassungsschutz sollte hellhörig sein, wenn es heißt, dass unser System der Demokratie grundlegend verändert werden soll und manche Gewalt explizit nicht ausschließen. Extinction-Rebellion-Gründerin Gail Bradbrook sagt: „Einige von uns müssen bereit sein, zu sterben.“ Deutsche Medien berichten oft unkritisch über diese Art Weltuntergangssekte, die Parteien links der Mitte sympathisieren offen mit dieser radikalen Gruppe, die Grenzen verschwimmen.

Viele Grenzen verschwimmen angesichts der grünen Untergangsrhetorik. Bei dem, von Grünen und Linken angestoßenen, flächendeckend bis in jede Kommune ausgerufenen sogenannten „Klimanotstand“ in Deutschland, der Schweiz und Österreich handelt es sich zunächst nur um einen symbolischen Begriff, der die Dringlichkeit beschreibt, in Sachen Klimaschutz zu handeln. Das Wort ist aber sicherlich nicht zufällig gewählt – denn wie der „normale“ Notstand drückt auch der Klimanotstand aus, dass alle anderen Themen in den Hintergrund rücken müssen. Der Ausdruck „Notstand“ signalisiert ja, dass man es bei den politischen Maßnahmen dagegen mit Verfassungen und Bürgerrechten nicht mehr so genau nehmen muss. Angesichts des langfristigen Klimawandels verliert der Notstand eine unmittelbare Relevanz. Wie kann man auf der einen Seite vor der Aushöhlung der Demokratie durch rechtspopulistische Tendenzen warnen, auf der anderen Seite schon einmal mentalitätsmäßig den Boden für einen anderen, vermeintlich „guten" Autoritarismus bereiten? Der Notstand ist als politischer Begriff in Deutschland insbesondere mit den Notstandsgesetzen verbunden, durch die der Regierung in besonderen Situationen besondere Machtbefugnisse übertragen werden – so werden beispielsweise demokratische Entscheidungsprozesse „vereinfacht" (d. h., sie können übergangen werden) und die Grundrechte der Bürgerinnen und Bürger können zeitweilig eingeschränkt werden.[16]

Im Zweifel gegen Demokratie und Rechtsstaat? Der Entwurf eines Klimaschutzgesetzes ist ebenfalls allein von seinen Mechanismen her fragwürdig. Nach den Vorstellungen der Grünen soll in Artikel 20a des Grundgesetzes „konkretisierend und mit klarstellender Wirkung" eingefügt werden, „dass die internationalen Zielvorgaben und Verpflichtungen bei der Erfüllung der Schutzpflicht verbindlich sind"[17], wie die Abgeordneten in der Begründung schreiben. Würde der Grünen-Vorschlag umgesetzt, käme dies einer Entparlamentarisierung nahe, hieß es in einer Anhörung im Bundestag.[18]

Aus Sicht von Prof. Dr. Christoph Degenhart von der Universität Leipzig wäre Letzteres „demokratiestaatlich problematisch". Der Gesetzgeber könne schon jetzt Maßnahmen für den Klimaschutz treffen, müsse diese aber im Verhältnis zu anderen Staatszielen wie etwa dem Sozialstaatsprinzip, das unter anderem sozialverträgliche Energiepreise als Ziel hat, abwägen. Degenhart forderte: „Komplexe energiepolitische Grundsatzentscheidungen sollten vom Gesetzgeber getroffen und nicht verfassungsrechtlich zementiert werden.“[19]

Die Entparlamentarisierung gipfelt in der Idee, dass die Bundesregierung eigenständig ein „Sofortprogramm“ beschließen solle, welches die Einhaltung der Jahresemissionsmenge des Sektors für die folgenden Jahre „sicherstellt“. Der Bundestag soll über dieses Sofortprogramm nur noch „unterrichtet“ werden, ein Gesetz also ohne Mitspracherechte für das Parlament. Ob Verbote und Vorgaben für Gebäude, Fahrzeuge oder Maschinen, Fahrverbote, CO_2-Abgaben oder anderes: Die Regierung soll dazu „ermächtigt“ werden. Wenn nicht gewählte Gremien überstimmen oder gar zensieren, bedeutet das Abschied von Parlamentarismus und Demokratie.

Die Technokratie soll regieren, ein „Sachverständigengremium für Klimafragen“, eingerichtet mit weitreichenden Kontroll- und Initiativrechten. Der geforderte „Öko-Rat“ soll per Veto Gesetze des Bundestags für drei Monate stoppen können. Im Grundgesetz oder in bestehenden Gesetzen ist ein solches Gremium nicht vorgesehen. In dem Sondergutachten mit dem Titel „Demokratisch regieren in ökologischen Grenzen“ wurde die Einrichtung eines zusätzlichen „Rats für Generationengerechtigkeit“ vorgeschlagen. Während Union, SPD und FDP ein solch undemokratisches Instrument ablehnen, sind die Grünen dafür. Das Grundgesetz und demokratische Prinzipien dürfen der Weltrettung nicht im Weg stehen! Wer hypermoralisch denkt und redet, kann auf Demokratie keine Rücksicht nehmen.

Der Grünen-Vordenker Ralf Fücks warnt daher zu Recht vor einem „ökologischen Absolutismus“, er spricht von einer „latent menschenfeindlichen Post-Wachstumsdiktatur“.[20] Fücks fordert dagegen eine Dekarbonisierung und setzt dafür auf technologische Innovationen statt auf Verbote und Askese. Er kritisiert, dass die „Grünen neue Technologien primär aus dem Blickwinkel der Gefahrenabwehr" betrachten, und verlangt stattdessen „keine Verlangsamung, sondern die Beschleunigung des technischen Wandels, nicht die Unterordnung unter die Natur, sondern die gezielte Entfaltung ihrer Potenziale." Damit hat er nicht nur einen validen Punkt, was eine effektive Klimaschutz- und Umweltpolitik angeht. Eine postmaterialistische Öko-Diktatur ohne Wachstum würde natürlich auch zu massiven wirtschaftlichen und sozialen Verwerfungen führen, die am Ende auch politisch eine Gesellschaft zerreißen können. Wenn die ökonomische Grundlage der sozialen Marktwirtschaft erodiert und Menschen mehr oder minder stark umerzogen werden sollen, entsteht eine gespaltene Gesellschaft. Hauptgrund dafür ist, dass die öko-apokalyptische Vision nicht von allen geteilt werden wird. Den Herausforderungen des Klimawandels erweist man einen Bärendienst mit möglichst bombastischen Weltuntergangsszenarien, die bei vielen Bürgern eher Widerstand als Akzeptanz fördern. Die Angst vor der Apokalypse führt bei vielen Linken und Grünen zu einem „ökoritären Denken", passend zu einem pessimistischen Zeitgeist. Der Schutz vor Menschen steht im Mittelpunkt dieses im Kern anti-humanistischen Denkens, auch wenn es rhetorisch freundlicher und zugleich alternativlos dargestellt wird.

Die renommierten Autoren aus der Wissenschaft des „Ökomodernen Manifestes"[21] zeigen eine Alternative auf: „Damit bestätigen wir ein seit langem bestehendes ökologisches Ideal, demzufolge die Menschheit ihren Einfluss auf die Umwelt verringern muss, um der Natur mehr Raum zu lassen. Aber wir widersprechen einem anderen Ideal, demzufolge die menschliche Gesellschaft in Einklang mit der Natur leben muss, um einen wirtschaftlichen und ökologischen Kollaps zu vermeiden. Diese beiden Ideale sind nicht länger miteinander vereinbar … Wir unterbreiten dieses Manifest im Glauben, dass menschlicher Wohlstand und ein ökologisch dynamischer Planet nicht nur gleichzeitig möglich, sondern untrennbar miteinander verbunden sind. Indem wir die bereits laufenden Prozesse unterstützen, die das Wohlergehen der Menschen von der Umweltzerstörung entkoppeln, erachten wir eine solche Zukunft als realistisch. In diesem Sinne sind wir optimistisch und glauben an die menschlichen Fähigkeiten und die Zukunft.“

Die Kernfrage ist: Sind Askese und Verzicht die Lösung in Sachen Klimawandel oder Technologie, Innovation und markwirtschaftliche Prozesse? Wer davon ausgeht, dass die Welt bald untergeht, wird zu radikalen Lösungen neigen, welche die Gesellschaft spalten. Auch hier gilt: Entpörung ist die Lösung, Angst ist kein guter Ratgeber.

Sortierte Lebenswelten: der Verlust des Privaten und der Vielfalt

Ob Klima-Hype oder alltägliche Fragen wie Ernährung, Bildung, Beziehung, Gesundheit, Sport und Lebensstil: Verstärkt durch soziale Medien und die dazugehörigen Filterblasen entwickeln sich in unserer Gesellschaft immer mehr parallele Lebenswelten, die ihren Teilhabern vermeintlich Sinn stiften. Die Begegnung mit der eigenen, stark idealisierten Identität steht dabei im Zentrum der Identitätspolitik. Privates und Politisches werden bewusst vermischt. Ob Kunst, Hochschulen oder Ernährung: Alles wird politisiert und moralisiert. Aus dem moralisch aufgeladenen Impuls der Anti-Diskriminierung entsteht so leider oft das Gegenteil.

Moralische Klarheit in allen Lebensfragen, von der Ernährung über die Sexualität bis zum Tod, das kennzeichnet viele Religionen. Am markantesten äußert sich die moderne Moralisierung des Alltags auf dem Gebiet der Ökologie und des Klimawandels.

Die US-Zeitschrift „The Atlantic", die zehn Mal im Jahr erscheint, veröffentlicht in ihrer jüngsten Ausgabe eine Vorurteils-Landkarte der USA. Das Meinungsforschungsinstitut „PredictWise" war dafür beauftragt worden, ein geografisches Ranking der Intoleranz zu erstellen. Das Ergebnis überrascht auf den ersten Blick. Am intolerantesten sind weiße, hochgebildete, ältere, eher städtische Menschen, die nicht etwa in Texas, Tennessee oder Alabama leben, sondern in Suffolk County[1], im sehr liberalen Großraum von Boston im Bundesstaat Massachusetts. Der Historiker Niall Ferguson meint, die neue Diversität ist das Gegenteil von echter Vielfalt. „In ihrem Namen werden all jene diskriminiert, die nicht der gewünschten Weltanschauung entsprechen. Der Rahmen des Sagbaren im akademischen und öffentlichen Raum hat sich in den letzten Jahren drastisch verengt. Evidenzbasierte Argumente spielen eher keine Rolle mehr.“[2]

Wie weit selbst die Wissenschaft schon vor den Zielen der Linken kapituliert hat, machte ein Experiment aus den USA deutlich. Drei amerikanische Geisteswissenschaftler haben dafür absurde Fachartikel in Unterdisziplinen von Cultural Studies und kritischer Theorie publiziert, die von zum Teil seriösen wissenschaftlichen Fachjournalen veröffentlicht wurden, obwohl sie erfunden und abstrus waren. Heterosexuelle Männer sollten sich selbst anal penetrieren, um ihre Homo- und Transphobie abzubauen; Astronomie sei eine intrinsisch sexistische Disziplin und sollte um eine feministisch-queere Astrologie erweitert werden; männliche weiße Studenten sollten in Seminaren künftig angekettet auf dem Boden sitzen, um wenigstens symbolisch für historische Verbrechen zu büßen. Helen Pluckrose, James Lindsay und Peter Boghossian haben mit dieser Aktion die Wissenschaftlichkeit von Gendertheorie und Cultural Studies hinterfragt, da es hier oft um identitären Aktivismus geht, der zudem noch besonders aggressiv daherkommt. Erfundene Quellen und radikale Thesen wurden kritiklos ohne Prüfung abgedruckt und übernommen. Kritik gab es aber weniger an dieser unhaltbaren Praxis als an den Autoren selber.[3] Im Aufsatz „The conceptual penis as a social construct“ wird die These aufgestellt, der Penis sei „der konzeptionelle Treiber für einen Großteil des Klimawandels ... Destruktive, unnachhaltige, hegemoniale, männliche Einstellungen, Umweltpolitik zu prägen, sind das vorhersehbare Resultat einer Vergewaltigung der Natur durch eine männlich dominierte Mentalität. Diese Mentalität wird am besten gefasst, indem man die Rolle des konzeptuellen Penis bei der maskulinen Psychologie berücksichtigt“.[4] Der Penis ist schuld am Klimawandel. Auch diese frei erfundene These wurde begeistert aufgenommen, genauso wie auch „feministische Gletscherforschung“. „Academic Grievance Studies and the Corruption of Scholarship“ zeigt die Entwicklung an Universitäten in den USA, die heute auch in Skandinavien und Deutschland erkennbar ist und immer mehr Raum einnimmt. Timothy Garton Ash hat mit seinem Buch „Redefreiheit. Prinzipien für eine vernetzte Welt“ nun eine Debatte über die Meinungsfreiheit angestoßen. Ash sieht Staaten (Hunde), internationale Medienkonzerne (Katzen) und die normalen Bürger (Mäuse). Die Bedrohung der Meinungs- und Redefreiheit hat seiner Ansicht nach mehrere Quellen. Auch wenn das Netz Radikalisierung ermöglicht, lehnt Garton Ash eine harte Regulierung ab, da die Meinungsfreiheit zu schützen ist und durch ihre Einschränkung die Probleme nur verlagert würden.

Laut einer Umfrage des Instituts für Demoskopie Allensbach ist eine große Mehrheit der Bundesbürger davon überzeugt, man müsse heute „sehr aufpassen, zu welchen Themen man sich wie äußert“.[5] Es gebe ungeschriebene Gesetze, welche Meinungen akzeptabel und zulässig sind. Boris Pistorius, Innenminister von Niedersachsen, thematisierte dies beim Bewerbungsverfahren für den SPD-Parteivorsitz. Während der 23 Regionalkonferenzen habe es Denk- und Sprachverbote gegeben: Über innere Sicherheit, Migrationspolitik, Integration und Extremismus sei nicht ernsthaft debattiert worden. Der Raum für die Meinungsfreiheit wird kleiner, so sieht es auch eine Mehrheit der Bürger. So bestätigen fast zwei Drittel der Befragten das Gefühl, man müsse im öffentlichen Raum „sehr aufpassen", was man sagt.[6]

Ernährung war früher eine Sache des Überlebens, dann eine Frage des Genusses und ist nun teilweise in eine quasi-religiöse Phase übergegangen. Hedonismus ist out, grüne Askese ist in. Der Kampf gegen Zucker, der Kampf gegen Tabak, gegen Alkohol und gegen Fett ist in Mode. Moralpolitik und Paternalismus sind eindeutig wieder in Mode, die Beschäftigung mit der Frage, welches Essen gesund macht, treibt täglich neue Blüten und führt damit zu ständig widersprüchlichen Aussagen. Nicht nur Veganismus oder Vegetarismus, auch die Steinzeit („Paleo") ist nun immer mehr ein Vorbild. Kulturpessimismus und Wachstumskritik von rechts und links nähren die Zweifel am westlichen Lebensmodell und brechen sich in der Frage der Ernährung Bahn.

Die Moralisierung des Essens bedeutet eine Abkehr vom Genuss und ein Geschäftsmodell für eine ganze Industrie von Ernährungs- beziehungsweise vielmehr Verzichtberatern. Früher waren Beruf oder Religion wichtige Merkmale einer Gruppenzugehörigkeit, heute dient die Ernährung der sozialen Unterscheidung. Die soziale Abwertung geht heute vermehrt über Ernährung und ist dabei besonders in vermeintlich links-liberalen, urbanen Milieus beliebt. Wer sich „progressiv" gibt, hängt dabei oft eher einer neopuritanischen Moral an, die fordert, immer diszipliniert und achtsam zu essen und idealerweise zu verzichten. Unbeschwerter Genuss passt nicht zu diesem rigorosen Denken und moralisierenden Vorträgen.

Trends werden in sozialen Medien durch Wiederholung allmählich verstärkt, in Vollendung entsteht dann schlussendlich ein „Echokammereffekt“: Am Ende bekommt man nur noch seine eigenen Meinungen widergespiegelt. Dr. Thomas Petersen vom Allensbacher Institut zeigt in seiner Arbeit, dass das Potenzial der Sozialen Medien, gerade beim Thema Nachrichten und Informationen, über die letzten Jahre enorm zugenommen hat. Aus Befragungen geht zudem hervor, dass gerade Anhänger der AfD Soziale Medien den „klassischen“ Nachrichtendiensten Print, Funk und Fernsehen vorziehen.[7] Andere Meinungen verschwinden immer mehr aus der Wahrnehmung und ihre Akzeptanz sinkt rapide. Das bewirkt eine gesellschaftliche Polarisierung, also die Entstehung stark separierter Gruppen, die sich gegenseitig nicht mehr verstehen und vermehrt miteinander in Konflikt geraten. So kann personalisierte Information den gesellschaftlichen Zusammenhalt unterminieren. Sichtbar wird dies derzeit etwa in der amerikanischen Politik, wo Demokraten und Republikaner zusehends auseinanderdriften, so dass politische Kompromisse kaum noch möglich sind. Die Folge ist eine Fragmentierung, vielleicht sogar eine Zersetzung der Gesellschaft.

„Cancel Culture“ ist die kulturelle Praxis, Menschen oder Institutionen aufgrund von – realen oder gerüchteweisen – politisch-moralischen Verfehlungen zu „canceln“, sie also „abzusagen“, nicht mehr stattfinden zu lassen.[8] Das Erlangen von wohlfeilem Beifall ist das

Anpreisen seiner eigenen Tugend in der Öffentlichkeit. Wer Trump kritisiert oder sich als öko-bewegt darstellt, braucht wenig Mut.

„Virtue Signalling", Tugend signalisieren, heißt der Begriff für die Höherstellung der moralischen Werte, mit dem Ziel, den gesellschaftlichen Status aufzuwerten. Von Promis über die Wirtschaft bis hin zur Kirche, überall wird dies getan. In westlichen Wohlstandsgesellschaften ist Polarisierung heute besonders auffallend.[9] Kurzlebige Empörungswellen zeugen von einer „to go" Moral-Mentalität. Was sich als „Widerstand" ausgibt, ist ganz und gar nicht rebellisch, sondern billiger Moralismus.

Moralismus kennt man von der Kirche, ist heute aber eher eine neue Zivil-Religion. Macht der Mensch die Natur zu seinem neuen Gott? Die Kirchen müssten angesichts der Vergöttlichung der Natur und eines Ökologismus, der sich als Theologie ausgibt, besorgt sein. Die religiöse Überhöhung der Klimadebatte wird von der Kirche aber eher als Chance gesehen, was wohl kurzfristig gedacht ist. Der Bischof Heiner Koch hat das Engagement der Schüler und Greta Thunbergs in die Nähe biblischer Überlieferungen von Jesus Christus gerückt.[10] Sein Vergleich von Freitagsdemos mit der „biblischen Szene vom Einzug in Jerusalem" zeigt die Absurdität der Debatte. Naturromantik ist der Bibel fremd, die Natur zur Gottheit zu erheben, wird die Kirchen nicht wieder füllen. Während die Kirche früher Abstand und Unterschied von Gott und Mensch betonte, lässt sie heute Gott vereinnahmen. Das Darwin'sche Element der Natur des „Fressen und Gefressen werden" muss ausgeblendet sein in der Naturromantik, die vor allem in Deutschland omnipräsent ist.

Die autoritäre Versuchung

Ausgerechnet die liberalen, angelsächsischen Demokratien mit langer demokratischer Tradition in den USA und Großbritannien haben mit der Wahl von Donald Trump und dem Brexit-Votum ein Stück weit einen Trend für eine Verschiebung politischer Koordinaten-Systeme begonnen.

Die Psychologin Karen Stenner hat sich mit dem Risiko befasst, dass liberale Gesellschaften autoritär zu werden drohen. Ihre Ergebnisse hat sie 2005 in ihrem Buch „The Authoritarian Dynamic" aufgeschrieben. Je mehr Angst Menschen vor spezifischen und unspezifischen Bedrohungen haben, umso mehr neigen sie zur Unterstützung von autoritären Figuren wie Trump. Die „starke Leitfigur" schafft ein Gefühl von Sicherheit in unsicheren Zeiten.

Autoritäre und rechtspopulistische Parteien sind in Europa und darüber hinaus auf dem Vormarsch. Ob Orban in Ungarn oder die PiS in Polen, die FPÖ in Österreich und der Front National in Frankreich: Deutschland ist mit der AfD hier gewissermaßen ein Nachzügler, was die wachsende Bedeutung rechter Parteien anbelangt. Der Blick über den Atlantik nach Brasilien oder in die USA zeigt, dass es gemeinsame Faktoren geben muss, die scheinbar vergleichbare Veränderungen der jeweiligen Gesellschaften und ihrer politischen Systeme bewirken.

Karen Stenner sieht als Schlüssel dieser Veränderungen den gefühlten Zerfall der etablierten moralischen Ordnung.[1] Wie zu Beginn beschrieben, ist die Zunahme und dauerhafte Echtzeit von Krisen in der Verbindung mit der dauerhaften Einnahme eines Opfer-Status durch weite Teile der Bevölkerung die Voraussetzung für solche Entwicklungen.

Wörtlich Stenner: „Die Erfahrung oder Wahrnehmung von Ungehorsam gegenüber Autoritätspersonen in der Gruppe oder Autoritäten, die keinen Respekt verdienen, Abweichung von Gruppennormen oder Normen, die sich als fragwürdig erweisen, mangelnder Konsens bezüglich der Gruppenwerte und -ansichten und ‚exzessive' Vielfalt und Freiheit sollten die [autoritäre] Prädisposition aktivieren und die Ausprägung dieser charakteristischen Einstellungen und Verhaltensweisen verstärken".[2]

Ein gemeinsames Merkmal dieser Prozesse ist sicher ein Gefühl des Kontrollverlustes angesichts einer unsicher erscheinenden Welt. Globalisierung, Islamismus und Migration erzeugen eine Nachfrage nach autoritärer Führung und Kontrolle, nach einfachen Antworten und vor allem nach Sicherheit. Das Brexit-Votum, insbesondere im ländlichen England, die Erfolge des Front National in ehemaligen Hochburgen der französischen Sozialisten und der Zuspruch für Trump bei Industrie-Arbeitnehmern und in ländlichen, eher abgehängten, Räumen sind Indizien dafür, dass klassisch sozialdemokratisch geprägte Kräfte links der Mitte an Anziehungskraft verloren haben. Die gesellschaftliche Anerkennung bei einer politischen Linken, die sich eher auf identitäre

Fragen konzentriert und sich von der Lebenswelt breiter Wählerschichten entfernt hat, ist offensichtlich für diese nicht mehr gegeben.

Der Aufstieg des Rechtspopulismus in Deutschland wird auch von den USA beeinflusst. Die kulturellen Gräben der Vereinigten Staaten beeinflussen mit Zeitversatz die Debatten in Deutschland. Während Obama abschätzig von den Amerikanern sprach, die an Bibeln und Waffen festhalten – was in wahlentscheidenden Staaten breite Mehrheiten sind – oder in Europa eine links fühlende kosmopolitische Elite sich durch Abgrenzung und soziale Distinktion von Musik über Kultur bis hin zur Ernährung gegenüber der breiten Masse definiert: Der Wandel hin zu einem identitären Politik-Ansatz links der Mitte ist auch eine der Voraussetzungen für den Aufstieg rechtspopulistischer und autoritärer Parteien und Bewegungen. Wie bereits erwähnt, nannte Rorty dies eine „kulturelle Linke", die sehr viel zu den Themen Rasse, Ethnie und Geschlecht, aber wenig zu den Armen zu sagen habe.

Der amerikanische Politikwissenschaftler Mark Lilla unterstreicht den Zusammenhang zwischen Identitätspolitik und Moralthemen auf der politischen Linken und dem damit zusammenhängenden Aufstieg von Trump. Lilla attestiert den Demokraten eine „obsession with diversity"[3] und erinnert dagegen an den bindenden Wert des Gemeinsinns: „National politics in healthy periods is not about ‚difference', it is about commonality." Nur wenn sich die Linke von ihrem neuen moralpolitischen Kurs verabschiede und sich wieder Fragen der Klasse, der Wirtschaft und der Solidarität zuwende, habe sie eine Chance gegen den grassierenden Populismus.

Lord Ralf Dahrendorf bemerkte bereits 2003 in

einem Aufsatz, dass Linke und Liberale das Thema Recht und Ordnung nicht aufgeben und der Rechten überlassen sollten. Diese würden daraus allzu leicht demagogisch Kapital schlagen. „Ich glaube, wir stehen vor einem neuen, illiberalen Zeitalter“[4], kommentierte er kurz vor seinem Tod.

Der britische Journalist David Goodhart beschreibt die Politik in Großbritannien und in anderen wohlhabenden Demokratien[5], die in den vergangenen Jahren an Stabilität verloren haben, eindrücklich. Grund für den Trend ist nach seiner Analyse eine wachsende Wertekluft zwischen den „Anywheres“ und den „Somewheres“.

Die „Anywheres“ sind tendenziell gut ausgebildet und mobil. Sie legen großen Wert auf Autonomie, Offenheit und Fluidität. Sie haben eine „erarbeitete Identität“, die auf Bildungs- und Berufserfolgen basiert.

Die „Somewheres“ dagegen sind stark lokal verwurzelt und weniger gut ausgebildet. Gruppenzugehörigkeit vor Ort, Vertrautheit und Sicherheit sind daher wichtig. Sie haben eine „zugeschriebene Identität“, die auf einer lokalen Orts- und Gruppenzugehörigkeit basiert, was dazu führt, dass Veränderungen ihnen eher Unbehagen bereiten.

Vor vierzig Jahren war der Common Sense eher ein „Somewhere“-Common Sense. Über die letzten ein oder zwei Generationen hinweg wurde er jedoch zum „Anywhere“-Common-Sense. Die Herabsetzung solcher Common-Sense-Werte der Somewheres in großen Teilen der Medien und von breiten Teilen des politischen Mitte-Links Spektrums ist ein Grund für eine zunehmende Entfremdung von Wählerschichten, die nun von Mitte-Links nach rechts gewandert sind. Dieses Phänomen sieht man bei Trump, dem Brexit oder dem Front National. Weite Teile eines früher eher sozialdemokratisch, Mitte-Links geprägten Milieus, gerade auch in der klassischen Industrie-Arbeitnehmerschaft, wählt heute nicht mehr links.

Die „Anywheres" sind wohl weniger als ein Viertel der Bevölkerung in den liberalen Demokratien, sie dominieren gleichzeitig aber Politik und Gesellschaft, ganz unabhängig von der jeweiligen Partei, die gerade an der Macht ist. Diese, meist urbane, Elite prägt den gesellschaftlichen Diskurs, vor allem in den Medien.

Die immer stärker „wissensbasierte Wirtschaft", die sich in den letzten Jahren herausgebildet hat, funktioniert für die hochgebildeten „Anywheres" deutlich besser als für die „Somewheres". Der Arbeitsmarkt hat in den letzten Jahrzehnten viele Jobs im unteren und mittleren Bereich abgebaut. Während gleichzeitig die Hochschulbildung – eine Welt, in der sich eher „Anywhere"-Kinder gut entwickeln – massiv ausgebaut wurde, erleben wir zugleich eine Vernachlässigung der Berufs- und Lehrlingsausbildung, von der so viele „Somewheres" profitierten. Es entwickelte sich eine offenere Wirtschaft und man förderte die Masseneinwanderung, während das Unbehagen über die schnellen ethnischen Veränderungen im ganzen Land ignoriert oder als fremdenfeindlich abgestempelt wurde.

Familienpolitik geht von der Annahme aus, dass Männer und Frauen nicht nur gleich sind, sondern auch die gleichen Prioritäten haben und die bezahlte Arbeit an die erste Stelle setzen, was nicht alle Lebensmodelle widerspiegelt. Den „Anywheres" liegt die Welt am Herzen, sie können aber blind vor Rücksicht auf sich selbst sein. Sie haben die Dinge nach ihren eigenen Interessen geführt und dies als nationales Interesse bezeichnet.

Die fortschreitende Globalisierung auch der Staatlichkeit hat daran ebenfalls einen Anteil. Als bestes Beispiel kann hierfür die Europäische Union dienen. Ihre Errungenschaften, Binnenmarkt und die dazugehörigen vier Freiheiten der Freizügigkeit für Personen, Waren, und Weiteres werden besonders gerne als große Errungenschaften der Gegenwart präsentiert. Von der EU-Freizügigkeit profitieren manche allerdings mehr als andere. Ein Rechtsanwalt oder ein Berater kann ein paar Jahre zum Arbeiten in eine beliebige Großstadt gehen und muss nicht zu Hause, wie dies bei Industriearbeitern, besonders im ländlichen Raum mit großer Wahrscheinlichkeit der Fall sein wird, mit Osteuropäern, die den Mindestlohn erhalten, konkurrieren. Eine Wertekluft hat in den letzten Jahren an Bedeutung gewonnen. weil soziokulturelle Fragen wichtiger geworden sind. Die alten Spaltungen in Links und Rechts, Kapital und Arbeit, sind nicht verschwunden, wurden aber zum Teil durch Fragen der Identität und Souveränität ersetzt.

Goodhart spricht in seinem Buch „The Road To Somewhere" vor dem Hintergrund des Brexit vom „decent populism" und von einfachen Werten, die eigentlich den Common Sense prägten, etwa ehrliche Arbeit, Wohlstand, Familie und Heimatverbundenheit. Insofern ist die Ausgrenzung dieses Spektrums kein Gewinn, sondern birgt neue Risiken der Spaltung, die Rechtspopulisten stärken. Dies ist im Kern auch die bereits genannte Kritik von Alt-Bundespräsident Gauck, der vor einer „links-liberalen" Intoleranz warnt.

Das Buch „Vertrauensformel" von Lochoki behandelt die neue Konfliktlinie zwischen den sozial-kulturellen Modernisierungsskeptikern und -befürwortern. Das Aufstiegsversprechen gehört zu Demokratie und sozialer

Marktwirtschaft, es wird im Kern aber ignoriert in diesem Diskurs wie auch das Bedürfnis nach Zusammengehörigkeit. Verlassen Globalisten ihre meist urbane Wohlstandsblase und reden mit Andersdenkenden?

Ebenfalls erwähnenswert in diesem Kontext ist der Philosoph Jürgen Habermas und seine Theorie des Kommunikativen Handelns. Nach ihm geht es bei dem Dialog nicht darum, den Kontrahenten niederzumachen, sondern um den Erkenntnisgewinn. Denn Demokratie heißt streiten um Positionen und das Eingehen von Kompromissen. Ist es heute aber nicht unvorstellbar, dass ein grüner Politiker und einer von der AfD an einem Tisch sitzen? Kann es sogar sein, dass dieser Mechanismus wohl bekannt ist und beide Seiten dies verstärken und nutzen, um jeweils an Bedeutung zu gewinnen und sich als die neuen bestimmenden Pole links und rechts zu profilieren?

Der Erfolg der neuen Rechten hat mit den Schwächen der klassischen Linken zu tun. „Die Angstmacher" von Thomas Wagner hat die Neue Rechte und die politischen Mechaniken genau studiert. Rechtspopulistische Provokationen entfalten erst dadurch ihre Wirkmacht, dass „progressive Kräfte" (Wagner erwähnt die Grünen, Teile der SPD, progressive Leitmedien) exakt so reagieren, wie von den neuen Rechten gewünscht.

Die „Nouvelle Droite" in Frankreich wollte sich von faschistischen und nationalsozialistischen Rechten distanzieren, auch indem gezielt Begriffe der Linken übernommen wurden. Auch die „neue Rechte" in Deutschland grenzt sich schärfer gegen Liberale als gegen Linke ab. Armin Mohler, der ehemalige Privatsekretär von Ernst Jünger, seines Zeichens Lichtgestalt vieler Rechter in der Nachkriegszeit, veröffentlichte 1988 einen längeren Aufsatz, der später unter dem programmatischen Titel „Gegen die Liberalen“ als kleines Büchlein im Antaios-Verlag von Götz Kubitschek publiziert wurde. „Mit einem Linken“, so Mohler, „kann ich mich unter Umständen verständigen [...]. Mit dem Liberalen jedoch kann es keine Verständigung geben.“[6] Das individualistische Element ist der Feind der neuen Rechten, der in der Einbindung in die Gemeinschaft eher mit manchen Linken gemeinsame kommunitaristische Wurzeln hat.[7]

Mit dem Aufstieg rechtspopulistischer Parteien und Bewegungen ist die Sprache verroht, Ausgrenzung und Verachtung von Minderheiten wird wieder salonfähig. Übersteigerte Bedrohungsszenarien werden aufgebaut, auch rechtsextremistische Kreise sind global vernetzt und schaukeln sich gegenseitig auf. Die sich polarisierende Welt der alten und neuen Medien spielt bei diesem Phänomen eine zentrale Rolle.

Außenhandel problematisch		Migration problematisch: ja (Arbeitsmigration)	Migration problematisch: ja (Fluchtmigration)	Migration problematisch: nein
	ja			Südeuropa: Insider- und Outsider-Protest links
	nein	West- und Osteuropa: Outsider-Protest rechts	Nord- und Kontinentaleuropa: Insider-Protest rechts	

Variation des Populismus in Nord-, Süd-, West- und Osteuropa © bpb

Raus aus „Null" und „Eins": Binäre Aufklärung

Wir erleben derzeit den wohl größten historischen Umbruch seit der Industrialisierung. Auf die Automatisierung der Produktion folgt nun eine umfassende Digitalisierung der Gesellschaft. Dies bietet große Chancen, schafft aber auch neue Herausforderungen. Wir brauchen daher eine Renaissance der Aufklärung, eine binäre Aufklärung. Ohne eine neue, digitale Aufklärung werden die neuen Empörungszyklen, beschleunigt und verstärkt durch das Netz, die Gesellschaft weiter spalten.

Die Welt wird digitalisiert. Das Netz ist der neue Marktplatz für unsere Arbeit, Kommunikation und menschliche Interaktionen; kurz, für unser Dasein. Die Zahl der Bilder und die Datenmengen explodieren, Wirtschaft und Gesellschaft sind in einem fundamentalen Wandel. Die „Dataisierung" der Welt betrifft und ändert alle Bereiche des Lebens. Alles wird zur Information, die Digitalisierung bestimmt Sein und Bewusstsein. Arbeits- und Privatleben wachsen zunehmend zusammen. Der Physiker John Archibald Wheeler nennt den Zusammenhang von Information und Materie in der neuen Welt: „It from bit."[1]

Bestehendes – „it" – resultiert aus einem Informationsvorgang: „bit“. Die Welt wird zu 0 und 1. Digitalisierung ist binär. Alles wird nach dem Handy an das Netz angeschlossen, vom „smart home“ bis zum Arbeitsplatz. Der technische Fortschritt bei Datenerfassung und Verarbeitung ist immens. Die Rechenkraft steigt. Big data und künstliche Intelligenz revolutionieren unser Denken und Handeln.

Die Industrialisierung war im Kern der Ersatz von menschlicher Arbeit durch Maschinen. Die Digitalisierung bedeutet, dass Algorithmen auch Denkprozesse übernehmen, also den Menschen in seiner letzten selbstbestimmten Funktion ersetzen. Der Publizist Frank Schirrmacher stellte dazu im Jahr 2009 die folgende These auf: „Wir werden das selbständige Denken verlernen, weil wir nicht mehr wissen, was wichtig ist und was nicht. […] Denn das Denken wandert nach außen, es verlässt unser Inneres und spielt sich auf digitalen Plattformen ab.“[2]

„Das Werkzeug [der vernetzte Computer] hat den Kopf, der es ersann, umgearbeitet. ‚Was kann ich wissen? Was soll ich tun? Was darf ich hoffen? Was ist der Mensch?‘“ Diese vier Fragen warf Immanuel Kant 1765 auf. Sie bleiben in neuem Kontext aktuell. „Es ist so bequem, unmündig zu sein“, das trifft vor allem in der digitalen Welt zu.

Wenn Daten alles erfassen und Algorithmen menschliches Denken regeln, wie sieht es dann aus mit individueller Entfaltung und Freiheit? So wie im 19. Jahrhundert Maschinen den Menschen die Arbeit abgenommen haben, können heute Algorithmen, also Computerprogramme, Abläufe vereinfachen und Arbeitskräfte freisetzen.

Das menschliche Leben ist auch durch das Ungefähre

und den Zufall bestimmt. Was wäre das Leben ohne den Zufall? Bisher war das Leben so komplex, dass vieles nicht planbar war. In der Welt der Wissenschaft hätte es eine Reihe an Entdeckungen ohne den Zufall nicht gegeben (Penicillin, Röntgenstrahlen, Vulkanisation). Die Partnerwahl war immer stark abhängig vom Zufall, wird heute aber vermehrt durch die vermeintlich unendliche Auswahl an Dating-Apps und Partnerschaftsplattformen von Algorithmen bestimmt. Die Zunahme an Optionen bei der Partnerwahl und in anderen Bereichen des alltäglichen Lebens wirkt auf Viele nicht befreiend, sondern vielmehr beängstigend und lähmend. Dadurch entsteht eine starke Nachfrage nach einfachen, klaren Antworten.

Wenn der Mensch zum Objekt wird durch „Dataisierung", kann man dann noch frei denken? Ist die Ursache der Digitalisierung die Erhöhung der Produktivität und insofern nicht aufzuhalten? Folglich wird auch alles digitalisiert, was sich digitalisieren lässt.

Bequemlichkeit ist auch ein Treiber der Digitalisierung. Immer mehr Daten werden geschaffen, erfasst und ausgewertet. Auch in der neuen Welt wird die Unmündigkeit bequem. Um die individuelle Selbstentfaltung im Zeitalter der totalen Vernetzung zu bewahren, ist daher eine digitale, binäre Aufklärung notwendig. Eine programmierte Gesellschaft darf nicht zum programmierten Bürger führen. Der Film „Her" aus dem Jahr 2013 will beispielsweise zeigen, wie eine digitale Blase funktionieren kann und wieso diese Blase offensichtlich nicht als negativ empfunden wird.

Menschen mögen den Zufall nicht. Das Gehirn will Muster erkennen, der Zufall weist aber kein erkennbares Muster auf. Wenn unsere Urteile und Entscheidungen jedoch durch Algorithmen vorgegeben werden, führt das im wahrsten Sinne des Wortes zur Volksverdummung. Kreativität hat auch mit „out of the box"-Denken zu tun.

Dem Einzelnen fällt immer weniger auf, dass Vorschläge aus dem Netz immer kompatibler zum jeweiligen Individuum, zum Kunden sind. Die Zusammenführung von Daten führt dazu, dass man in Netzwerken vor allem die Meinung ähnlich denkender Freunde wahrnimmt. Recherchen sind ebenfalls digitalisiert. Google bestimmt also, was wir zu einem Thema herausfinden. Das Google Suchergebnis führt zu unterschiedlichen Ergebnissen bei verschiedenen Menschen. Vorherige Suchen, Wohnort und viele andere Umweltfaktoren wirken sich dabei alle auf das jeweilige Ergebnis aus. Der Algorithmus der sozialen Netzwerke zeigt uns nur noch an, was Menschen schreiben und denken, die ähnlich ticken. Der Echokammereffekt verändert die gesellschaftliche und politische Realität. Ein Wesensmerkmal einer demokratischen, offenen Gesellschaft ist der Schutz der Minderheiten und des Individuums. Tocqueville warnte vor der Tyrannei der Mehrheit. In Zeiten der binären Aufklärung gilt es, den Einzelnen vor der Tyrannei des Schwarms zu schützen. Die Gefahr kann ein autoritäres Regime wie in China sein, das über „scoring" Menschen konditioniert oder ein global agierender US-Konzern, der ungebremst Daten sammelt, kombiniert, auswertet, oder gar manipuliert.

Personalisierte Information baut eine „filter bubble" um uns herum auf, eine Art digitaler goldener Käfig. Theoretisch ist es möglich zu gehen, praktisch macht das aus Bequemlichkeit und Angst vor Sanktionen aber niemand. In letzter Konsequenz würde eine zentrale, technokratische Verhaltens- und Gesellschaftssteuerung durch ein superintelligentes Informationssystem eine neue Form der Diktatur bedeuten. Die von oben gesteuerte Gesellschaft, die unter dem Banner des „sanften Paternalismus" daherkommt, ist daher im Prinzip nichts anderes als ein totalitäres Regime mit rosarotem Anstrich.

Wir werden mehr wissen, aber werden wir auch mehr verstehen? Die Digitalisierung bietet große Chancen, die es zu nutzen gilt, indem man gerade die Herausforderungen nicht außer Acht lässt. „Digital first" bleibt korrekt, aber „Bedenken second" funktioniert so nicht. Ohne Datenschutz, Datensicherheit und dem Kernprinzip der informationellen Selbstbestimmung verliert der aufgeklärte Bürger die Hoheit über sein Leben im Zeitalter der „Dataisierung". Wer weiß was? Was wird wo gespeichert? Diese Fragen haben bereits heute eine große Brisanz und werden in Zukunft noch enorm an Bedeutung für den Einzelnen wie auch für die Gesellschaft erlangen.

Mehr Transparenz ist deshalb für eine erhöhte Vertrauenswürdigkeit rund um die Digitalisierung und ihre Auswirkungen notwendig. Das Recht auf individuelle Selbstentfaltung kann nur wahrnehmen, wer die Kontrolle über sein Leben, vulgo seine Daten, hat. Dies setzt informationelle Selbstbestimmung voraus. Es geht hier um nicht weniger als zentrale, verfassungsmäßig garantierte Rechte. Ohne deren Einhaltung kann eine Demokratie nicht funktionieren. Ihre Einschränkung unterminiert unsere Verfassung, unsere Gesellschaft und unseren Staat.

Die Mündigkeit der Bürger in der digitalen Welt zu fördern, das heißt konkret die Umsetzung einer „digitalen Aufklärung". Wirtschaft, Staat und Bürger haben große Chancen durch die Digitalisierung, wenn es eine binäre Aufklärung gibt, um aus dem digitalen Korsett ausbrechen zu können. Genau wie die wissenschaftliche Revolution einen sagenhaften Entwicklungsschub ausgelöst hat, kann auch die Digitalisierung und Vernetzung für den nächsten Entwicklungssprung der Menschheit sorgen. Die Verantwortung für den Umgang mit Daten gilt es nicht mehr aus Bequemlichkeit nur zu delegieren, man muss weiterhin verantwortlicher Gestalter bleiben. Daten verbessern das tägliche Leben. Intelligenz benötigt einen hohen Grad an Diversität. Moderne personalisierte Informationssysteme führen allerdings nicht immer zu einer Stärkung bestehender Diversität. Soziodiversität ist dabei genauso wichtig wie Biodiversität, sonst wird der Echokammereffekt Spaltungen befördern.

Die Initiative Code.org will bereits Kinder mit der Sprache der Programmierer vertraut machen und sie so an Informatik heranführen. Jeder Bürger sollte demnach seine Passivität abstreifen und die Sprache des 21. Jahrhunderts erlernen, also selbst programmieren lernen. Die Autorin Mercedes Bunz glaubt, dass die Chancen der Digitalisierung in der Öffentlichkeit aus dem Blick geraten sind. In ihrem aktuellen Buch „Die stille Revolution" versucht sie darum zunächst zu zeigen, wie der digitale Umbruch unsere Arbeitswelt und die gesamte Gesellschaft verändert – um dann auszuloten, wie sich diese Entwicklungen positiv nutzen lassen. „Die stille Revolution" ist ein Plädoyer, sich mit dieser Furcht auseinanderzusetzen und die Chancen der Digitalisierung zu erkennen, um zusammen eine bessere Zukunft zu gestalten. Menschen programmieren Computer und Algorithmen, die wir grundsätzlich hinterfragen und mitgestalten können. Die Digitalisierung bietet neue

Wege, die digitale Gesellschaft als aktive Bürger mitzubestimmen.

Die Digitalisierung bietet neue Möglichkeiten, die Geschwindigkeit der Veränderung kann aber Gesellschaften überfordern. Nur wenige Staaten begreifen Digitalisierung als Chance und begleiten diese positiv. Jakob Steinschadens „Digitaler Frühling" nennt als positives Beispiel, wie ein moderner Staat an die Herausforderung der Digitalisierung herangehen kann, Island, das mit seiner „Icelandic Modern Media Initiative" einen freien Hafen für Daten anbieten will. In Deutschland sind solche Initiativen bisher Mangelware. Dabei würden genau solche Vorhaben Akzeptanz und Verständnis auch außerhalb des kleinen Kreises von Spezialisten schaffen.

Macht das Internet also eher denkfauler oder klüger? Großmeister und Querdenker Gary Kasparow stellt allerdings die Frage, inwieweit Produkte wie das iPhone unsere Fähigkeiten tatsächlich ausgedehnt haben, und argumentiert, dass die meisten wissenschaftlichen Probleme, die der modernen Computertechnologie zugrunde lägen, bereits in den Siebzigerjahren geklärt gewesen seien. Nur weil das menschliche Denken, wie die digitalen Vordenker Cole und Urchs argumentieren, funktioniert wie ein digitales Netzwerk? Man muss sich durch ein mutiges Selberdenken die rundum positiven Möglichkeiten des Internets zunutze machen. „Alles was sich digitalisieren lässt, wird digitalisiert. Alles, was sich vernetzen lässt, wird vernetzt. Und das verändert alles!", so die These der Autoren. Auch der Mensch und sein Denken verändern sich grundsätzlich: „Er funktioniert und denkt zunehmend digital und vernetzt. Und das in Echtzeit."

Tim Cole und Ossi Urchs kündigen etwas an, was

noch nicht geleistet ist, aber nach ihrem Buch dringlicher denn je erscheint: eine Gesellschaftstheorie des Internets. Sie verweisen in ihrem Buch auf die große Parallele zwischen dem Paradigmenwechsel der Digitalisierung und dem Aufkommen der bürgerlichen Gesellschaft im 18. Jahrhundert. Ich zitiere im Folgenden eine Stelle aus dem Buch, in dem sich die Autoren mit der Gruppe Anonymus beschäftigen:

„Es gibt eine bemerkenswerte historische Parallele, die Bardeau und Danet beschreiben, und die es verdient, an dieser Stelle wiederholt zu werden: ‚könnte Anonymus, das aus einem offenen und auf Zusammenarbeit basierenden Internet hervorging – so wie die Aufklärung aus der Erfindung des Buchdrucks hervorgegangen war und zur französischen Revolution führte –, die Speerspitze einer weltweiten Revolution sein?'"[3]

Digitalisierung bietet riesige Chancen, es gilt aber, die Herausforderungen anzunehmen, damit die gesellschaftliche Meinung nicht kippt. Die negativen Effekte von im Netz verkürzten und verstärkten Empörungswellen gilt es daher zu adressieren. „Change a view" ist der Schlüssel, um gesellschaftliche Konfliktlinien aufzulockern. Um gerade die harte und oft schmutzige Welt des Netzes zu verändern, hat ein schottischer Teenager ein spannendes Projekt gestartet. Um aus der Filterblase rauszukommen, soll auf der Webseite ein Diskurs offen und fair strukturiert werden. Was online im Englisch sprachigen Raum läuft, gibt es in Deutschland offline. „Deutschland spricht" ist das Forum der Zeit, in dem tausende Menschen mit diametral entgegengesetzten Meinungen eine Diskussion führen, die es sonst im Alltag immer weniger gibt. Interessant zu beobachten: Auch hier sind die strittigsten Fragen Migration und Klima.

Der Sinn ist, nicht andere zu überzeugen, sondern diese zu verstehen, um Radikalisierung und Polarisierung zu vermindern. Ein wichtiger und spannender Ansatz!

Pumpkapitalismus und Populismus: Die Rückkehr des Ökonomischen

Die Angst vor dem Klimawandel und die Angst vor Migration sind abwechselnd die treibenden Kräfte der letzten Jahre gewesen, was den Aufstieg von links- und rechtspopulistischen Bewegungen betrifft. Der von den Zentralbanken durch billiges Geld erkaufte Daueraufschwung kann aber nicht ewig währen. Eine große Bedrohung ist ein global wachsender Populismus, der Politiker an die Macht bringt, die es mit den Grundsätzen der allermeisten liberalen Verfassungen und der garantierten Unabhängigkeit einer Notenbank etwa in den USA oder Europa nicht allzu genau nehmen. Auf der anderen Seite ist es ebenso gefährlich, wenn Notenbanken ihre Mandate weiter überdehnen wollen und sollen mit sachfremden politischen Aufgaben wie Kampf gegen den Populismus oder den Klimawandel.

Großinvestor Bill Gross kritisiert die Niedrigzinspolitik der amerikanischen Notenbank Fed. Seiner Meinung nach benötigt Kapitalismus die Aussicht auf Rendite. „Kapitalismus braucht Hoffnung", schreibt er wortwörtlich an seine Investoren, „vernünftige Hoffnung darauf, dass ein Investor sein Geld mit einer attraktiven Rendite verzinst zurückbekommt." Und genau das ist mit den herrschenden Nullzinsen nicht mehr der Fall. Ein positiver Zins gehört zum Kapitalismus, da er Wachstum und Fortschritt antreibt. Der positive Zins motiviert Menschen dazu, heute zu verzichten, um morgen mehr zu erhalten, er ist ein „Preis für die Zeit". Der Zins ist für linke und rechte Extremisten ein Feind, wie auch für orthodoxe Islamgelehrte oder früher im Christentum. Kapitalverzinsung und Kapitalrendite sind Lebenselixier und Kompass der modernen kapitalistischen Wirtschaft seit Jahrhunderten. Wer kein Vertrauen in die Zukunft hat, der investiert nicht. Woran liegt das? Bedeutet Investitionsangst automatisch wirtschaftlichen Niedergang?

Wirtschaftliche Krisen und Populismus bedingen sich häufig gegenseitig. Das zeigt eine langfristig angelegte Studie eines Forscherteams rund um die Kieler Wissenschaftler Trebesch und Funke. Die Forscher analysierten mehr als 800 nationale Wahlen in 20 Demokratien seit 1870.[1] Das Ergebnis: Nach Finanzkrisen nehmen politische Unsicherheit und Polarisation stark zu, was wiederum den Nährboden für Populisten bereiten kann. Dabei zeigt sich über die letzten knapp 140 Jahre, dass rechtsextreme und populistische Parteien die größten Nutznießer von Finanzkrisen sind. Deren Stimmenanteile steigen um mehr als 30 Prozent im Vergleich zum langfristigen Durchschnitt. Sinnbildlich für die Emotionalisierung der Debatte nach der Finanzkrise steht der Essay „Empört euch!" von Stéphane Hessel, das die bestehenden politischen und wirtschaftlichen Eliten anklagte.

Mit einer Studie zur ungebremst ansteigenden Schuldenlast der Welt hat die Unternehmensberatung McKinsey im Jahr 2015 aufgezeigt, wie stark die Gefährdung für die Weltwirtschaft und das globale Finanzsystem zugenommen hat.[2] Gibt es eine Finanz- oder eine Innovationskrise? Ökonomie-Nobelpreisträger Robert Shiller zeigt in seinem Essay „Parallels to 1937"[3] beunruhigende Ähnlichkeiten in den Entwicklungen nach der Wirtschaftskrise 1929 und der Finanzkrise 2008 auf. Damals sowie heute wurden Grenzen des Wachstums diskutiert sowie dazugehörige Theorien von einer „säkularen Stagnation".

Ökonomen wie Robert Gordon oder Larry Summers sehen für die Zukunft dauerhaft niedrige Wachstumsraten voraus. Während Gordon oder auch Tyler Cowen vor allem ein Ausbleiben von bahnbrechenden Innovationen als Grund für eine lange andauernde Stagnation betrachten, argumentieren Ökonomen rund um Summers und Paul Krugman vor allem aus einer nachfrageseitigen Perspektive. Jene Ökonomen wie Gordon oder Summers, die heutzutage für die Zukunft niedrige Wachstumsraten vorhersagen, betonen denn auch, dass sie nicht in die „Falle" treten wollen, nach einer Krise zu pessimistisch zu sein. Sie betonen vielmehr, dass sich die Phase niedrigen Wachstums schon länger – also vor der Krise ab 2007 – angekündigt habe. Erik Brynjolfsson und Andrew McAfee argumentieren ähnlich, dass die größten produktivitätssteigernden Auswirkungen der „digitalen Revolution" erst noch bevorstehen. Sie prognostizieren, dass die Wachstumschancen durch den technologischen Fortschritt nicht verringert, sondern vielmehr vergrößert werden. Erfindungen sind demnach neue Kombinationen und Weiterentwicklungen des bisherigen Fortschrittes. Mit zunehmendem technologischen Fortschritt würden so immer neue Kombinationsmöglichkeiten entstehen, welche die Produktivität weiterhin erhöhen. Diese Annahme, der auch die moderne Ökonomie im Kern zugrunde liegt, geht damit gegen die Annahmen der modernen Jünger von Malthus. Der libertäre Internet-Milliardär Peter Thiel behauptet, dass Bemühungen zur Bekämpfung der Rezession durch eine lockere Geldpolitik und hyperaggressive Steuerimpulse die falsche Krankheit bekämpften und daher potenziell schädlich seien.

Wir sind wohl in einem Zeitalter global niedriger realer Renditen, worauf der deutsche Ökonom Carl Christian von Weizsäcker hingewiesen hat. Ein Grund liegt in einer globalen Kapitalschwemme („Savings glut"). Die enormen Geldmengen stehen in keinem Verhältnis mehr zur realen Wirtschaft und finden gleichzeitig keine Investitionsmöglichkeiten mehr vor. Die ursprünglich belebende Wirkung einer zeitweilig erhöhten Geldmenge im Wirtschaftskreislauf kommt so zum Erliegen.

Können also nur noch Notenbanken für Wachstum sorgen? Alle Notenbanken weltweit setzen auf Quantitative Easing (QE), eine massive Lockerung der Geldpolitik. Die Europäische Zentralbank (EZB) holt (nur) nach, was andere vorher getan haben. Die Politik in ganz Europa liefert zu wenig an Strukturreformen, daher handelt die EZB. Die deutsche Debatte rund um das Thema scheint dabei oft nicht über den (deutschen) Tellerrand hinauszugehen.

Einen klaren Profiteur der Niedrigzinspolitik gibt es allerdings: Vater Staat. Die gute wirtschaftliche Lage in Deutschland hat auch viel mit einem niedrigen Euro-Kurs und niedrigen Zinsen zu tun. Es ist eine Art Wohlstands-Blase auf Pump.

Wir leben in einer Zeit globaler Schuldenüberhänge

und Nullzinspolitik. Der nordeuropäische und auch der deutschsprachige Diskurs machen einseitig die EZB und den Euro zum „Schuldigen“, übersieht aber, dass alle westlichen Wohlfahrtsstaaten auf billiges Geld setzen. Nicht nur die Währungspolitik, sondern das ökonomische System grundsätzlich gehört also auf den Prüfstand. Die politische Kritik von links und rechts an den Notenbanken ist auch ein Stück Ablenkungsmanöver vom Versagen der eigenen Politik und von unhaltbaren Versprechen. Der Populismus, insbesondere von links, provoziert eine Verschuldungsmentalität. Politiker versprechen dem Wahlvolk immer neue staatliche Leistungen, um gewählt zu werden. Wer mit kreditfinanzierten Versprechungen den Populismus bekämpfen will, der treibt daher den Teufel mit dem Beelzebub aus und gefährdet am Ende die Demokratie.

Entgegen der öffentlichen Wahrnehmung ging bisher nicht die Einkommensschere massiv auseinander, sondern vor allem die Entwicklung der Vermögen. Wer Kredite aufnehmen kann und will, wird durch die Vermögenspreisblase mithilfe der Niedrigzinsen wohlhabender. Der Sparer wird enteignet, der Schuldner wird reicher. Der Pumpkapitalismus untergräbt das lange Jahre – gerade auch von der Finanzwirtschaft – gepredigte Vorsorgesparen für die Altersversorgung und andere Lebensrisiken.

Die Geldpolitik schlägt bei Vermögensanlagen und bei Luxusgütern durch, die von dem Verbraucherpreisindex gar nicht erfasst werden. Für unsere Gesellschaften hat das destabilisierende Verteilungswirkungen. Wenn sich heute Leute mit Hochschulstudium und sicherem Job kein Eigenheim mehr leisten können, läuft etwas grundsätzlich falsch.

Besorgniserregend ist der globale Ausblick, wie auch die Zahlen vieler Analysten und Bankhäuser zeigen. Ob es nun an einer Investitionsschwäche liegt, wie Larry Summers, ehemals Staatssekretär im US-Finanzministerium, meint, oder an einer Innovationsschwäche, wie Großinvestor Peter Thiel meint: Wir erleben eine Zeitenwende. Immer mehr Geld und Schulden, um minimales Wachstum zu generieren. Nicht nur in Europa steigen die Schulden, sondern auch in Amerika und in Asien. Viele Länder in Fernost und insbesondere die USA haben enorme Verbindlichkeiten angehäuft.

In Japan hat sich in den 1990er-Jahren eine erste große Niedrigzins-Blase entwickelt, damals wurden die Zinsen stark gesenkt. Das sollte eigentlich die Wirtschaft und das Wachstum beleben, beförderte aber die Bildung der Blase und ihr Bestehen bis heute. Japan und Europa haben mit der Bildung von Niedrigzins-Blasen ähnliche Ursachen und eine vermeintlich ähnliche Lösung mit der Geldmengenausweitung als Reaktion auf Schuldenkrisen.

In der Folge brachen in den 1990ern in Südostasien und anderswo die Aktienkurse ein. Der Crash am US-Immobilienmarkt war ebenfalls nicht in erster Linie ein Problem mangelnder Regulierung, sondern Ursache billigen Geldes. Heute ist ein Gewöhnungseffekt eingetreten, der Regierungen dazu verleitet, notwendige strukturelle Reformen lieber zu verschieben und stattdessen auf fiskalische Entlastungen durch die jeweilige Notenbank zu vertrauen. Für viele Staaten, aber auch Unternehmen, ist der Ausstieg aus der Niedrigzinsfalle kaum noch vorstellbar. Wie ein Drogenabhängiger kommt man davon nicht mehr los, obwohl man es eigentlich besser wissen müsste. Angebotsorientierte Strukturreformen werden in Europa und Japan angemahnt, wurden aber unterlassen.

Die Unternehmensberatung McKinsey rechnet dazu vor, dass angesichts der Demografie und der geringen Produktivitätsfortschritte nicht damit gerechnet werden kann, dass wir aus den Schulden herauswachsen. Im Gegenteil erwartet McKinsey, dass die Schulden auch weiterhin schneller wachsen als die Wirtschaft. Dies ist übrigens deckungsgleich mit der Annahme der Credit Suisse, die spiegelbildlich davon ausgeht, dass die Vermögen weiterhin schneller als die reale Wirtschaft wachsen werden.[4]

Wie soll die EZB auf eine drohende wirtschaftliche Eintrübung dann noch mit Zinssenkungen reagieren, wenn ihr Pulver bereits buchstäblich verschossen ist? Bei einer weiteren wirtschaftlichen Eintrübung drohen dann ausgeprägte Negativzinsen, mit verheerenden politischen Folgen. Die Kosten der Korrektur steigen laufend weiter.

Die Rolle der Zentralbanken in Zeiten von Populismus und Fake News war Kern der Rede beim Forum Bundesbank im Mai 2019. Dort meinte Bundesbank-Vorstand Prof. Dr. Joachim Wuermeling, die „Verantwortung der Zentralbanken sei gestiegen".[5] Heißt das übersetzt auch, man müsse „aktiver" werden, um radikale Kräfte mit monetären Mitteln im Zaum zu halten?

Die Unabhängigkeit der Zentralbanken ist unter massivem Beschuss von links und rechts. US-Präsident Trump und linke Kräfte in den USA und Europa wollen FED und EZB zu noch radikaleren Niedrigzinsen und Geldausweitungen verpflichten. In Japan tauschte Premierminister Shinzo Abe nach seinem Amtsantritt Anfang 2013 den Notenbankchef aus, der seither eifrig Geld druckt und die sogenannte „Abenomics“ widerspruchslos mitträgt. Auch der türkische Präsident Recep Tayyip Erdogan zwang die Zentralbank Stück für Stück zu Zinssenkungen und heizte damit eine ausufernde Inflation im Land an.

Die finanzpolitischen Instrumente für den „Green New Deal“ werden aus der „Modern Monetary Theory“ (MMT) abgeleitet. Die expansive Geldpolitik würde in dieser Logik nochmal radikalisiert. Das ist eine Provokation, denn dieser Ansatz gibt dem Staat die Möglichkeit, jederzeit die Gelddruckmaschine anwerfen zu können, um erstrebenswerte Ziele wie Vollbeschäftigung erreichen zu können. Seit es Papiergeld gibt, ist das Drucken von Geld eine verlockende politische Option gewesen, um dem Staat aus finanziellen Engpässen herauszuhelfen oder staatspolitische Ziele zu verfolgen. Auch heute fordert nicht nur ein Teil der Demokraten in den USA, sondern auch Grüne und Linke in Deutschland und Europa den Einsatz der Zentralbank, um ihre jeweiligen Unternehmungen zu ermöglichen. Quantitative Easing (QE) bestimmt weltweit die letzten Jahre, nun gibt es eine Debatte über „Green QE“ und „Green Bonds“.

Die vermeintlich kombinierte links-grüne Lösung von Wirtschafts- und Klimakrise wäre so umgesetzt eine große Bedrohung für stabiles Geld und den gesellschaftlichen Wohlstand. Die Forderungen von Fridays for Future oder Green New Deal für Europa (GNDE), die europäische Zentralbank (EZB) solle sich unter Lagarde für Klimagerechtigkeit einsetzen, ist hoch gefährlich. Sind Kernenergiekonzerne auch „grüne“ Anleihen, was nicht nur Franzosen wohl im Gegensatz zu Deutschen sagen würden? Zentralbanken sind mit dem Schutz vor

Inflation, der Stabilität der Währung und der Verhinderung von Finanzkrisen wohl schon eher über- als unterfordert. Wer die EZB zwingen will, grüne Anleihen zu kaufen, wird nicht nur die EZB in weitere Rechtfertigungszwänge treiben, sondern auch das gesamte Finanzsystem weiter destabilisieren.

Der Begriff „Kredit" stammt aus dem Lateinischen, vom Wort „credere", das „glauben" und „vertrauen" bedeutet. Nachhaltig wirtschaften heißt Verantwortung und Haftung, Sparen und Investieren. Im Kampf gegen die „populistische" Konkurrenz ist eine neue Ausrede gefunden. Am Ende wird das Gegenteil bewirkt, wenn Geldpolitik von rechts oder links politisiert wird.

Von wirtschaftlicher Realität abgekoppelter, politisch getriebener Pumpkapitalismus hat viel mit Populismus von links und rechts zu tun. Sowohl autoritäre als auch grüne Politiker und Aktivisten wollen Zentralbanken für ihre Zwecke instrumentalisieren, was eine massive Gefahr für die wirtschaftliche und am Ende politische Stabilität ist. Ohne Vertrauen in die Zukunft gibt es keinen Kapitalismus, ohne funktionierenden Kapitalismus gerät unser westliches Modell unter Druck. Der global wachsende Populismus gefährdet den Kapitalismus. Scheitert der Kapitalismus, radikalisiert und wächst der Populismus. Nicht nur die Gesellschaft, auch der Kapitalismus braucht Realismus und Optimismus.

Universalismus und Aufklärung statt Identitätspolitik und Romantik

Die moderne Identitätspolitik ist in den USA entstanden und breitet sich nun zunehmend nach Europa aus. Skandinavien ist heute bereits am stärksten betroffen, aber auch in Deutschland sind die Auswirkungen, wie beschrieben, heute sicht- und spürbar. Eine Gesellschaft besteht in dieser Logik aus Opfergruppen und aus Tätern. Mark Lilla ist ein bekannter Politikwissenschaftler an der Columbia Universität. Für den Erfolg von Trump macht Lilla die Identitätspolitik der Demokraten verantwortlich, die den Anschluss an die Industriearbeiterschaft verloren haben. Ein Befund, der wohl auch auf die SPD in Deutschland zutrifft.

Die kulturelle Entfremdung hängt stark mit dem Niedergang sozialdemokratischer Bewegungen zusammen. Man erinnere sich an die Beschreibung der „Erbärmlichen" (Hillary Clinton), des „Packs" (Sigmar Gabriel) oder der „Zahnlosen" (François Hollande). Gegensatz dazu ist der neue Rechtspopulismus, der von einer „Welt aus Radfahrern und Vegetariern, die nur noch auf erneuerbare Energien setzen und gegen jede Form der Religion kämpfen"[1] redet, so der ehemalige polnische Außenminister Witold Waszczykowski 2016 in einem Interview mit der Bild-Zeitung.

Universalismus hat als Kern das Ideal der republikanischen Gleichheit, die Identitätspolitik dagegen sortiert Menschen in Schubladen. Der Fokus auf Anerkennung von Gruppenidentitäten, die anhand ethnischer, sexueller oder kultureller Aspekte auftreten, hat viel mit Sonderrechten und Ausschluss zu tun und wenig mit universalistischen Forderungen.

Die Zugehörigkeit zu einer bestimmten Gruppe schafft Identität. Politik, die die Interessen allein dieser Gruppen bedient, heißt Identitätspolitik. „Wir leben in einer Empörungskultur, die sich leicht echauffiert, die zu schnell zu extremen Positionen neigt“[2], sagt dazu der Präsident der Leibniz-Gemeinschaft, Matthias Kleiner. Das schade der akademischen Debattenkultur. Die Künstlergruppe „Frankfurter Hauptschule“ hat gegen Goethes Frauenbild protestiert, indem Goethes Gartenhaus in Weimar mit Klopapier beworfen wurde. Aus der von Goethe im Gedicht „Das Heidenröslein“ beschriebenen Entjungferung wird eine Vergewaltigung gemacht, was eine „identitäre“ Empörungswelle zur Folge hatte.

Rüdiger Safranski beschreibt in seinem Werk „Romantik. Eine deutsche Affäre“ die Romantik als Epoche. Die Romantik als Epoche zeichnete sich durch romantisches Denken und Poesie aus. Die Romantik ist der Beginn einer Reaktion auf die beginnende Industrialisierung und die emotionale Antwort auf eine vernunftbasierende Aufklärung. Nach Safranski sei Romantik eben die Fortsetzung der Religion mit ästhetischen Mitteln.

Die neue Romantik der Gegenwart scheint ein neues Zeitalter des Irrationalismus einzuleiten. So fragt Safranski, ob jene Träumer tatsächlich die geistigen Väter der braunen Machthaber und der roten Protest-Studenten gewesen seien? Die Welt der romantischen Poesie ist sicher ungefährlich, wenn dies aber politisiert wird, kann es bedrohlich werden. Die romantische Neigung der Deutschen, politische Debatten apokalyptisch zu überhöhen, ist für einen aufgeklärten, sachlichen Diskurs nicht gerade förderlich.

Thomas Mann beschrieb mit Hinweis auf den Nationalsozialismus die Romantik auch als „deutsches Schicksal". Der moralische Rigorismus geht sicher auch auf das Erbe Luthers zurück und ist eine Hauptquelle des identitär aufgeladenen Streits, der unsere Gesellschaften prägt. Protestantische Selbstgerechtigkeit und moralischer Rigorismus sind prägende Elemente deutscher Debatten. Ob in Sachen Flüchtlinge, Klima, Rüstungs-Exporte: Der Gesinnungsethik sind praktische Ergebnisse und realistische Einwände egal.

Der Historiker Götz Aly versucht in seinem Buch „Unser Kampf 1968", Analogien zwischen den 1933er und 1968er Studentenprotesten zu ziehen, denn die einen seien die Söhne der anderen, wobei dieser Vergleich natürlich Unterschiede vernachlässigt und etwas vereinfacht. „Das Wort ‚Kampf' war die zentrale Vokabel der deutschen 33er und der 68er. Es gibt durchaus Parallelen zur nationalsozialistischen Studentenbewegung: das Antibürgerliche, das Niederschreien Andersdenkender, der Antiliberalismus, der totalitäre Glaube an eine angeblich gute Sache, die Hinwendung zum einfachen Volk."[3]

Manche autoritäre und inquisitorische Züge prägen die Neue Linke heute. Der ebenso paradoxe wie gefährliche Nebeneffekt: Es wird jene Geisteshaltung erzeugt, die man zu entlarven und bekämpfen meint. Das Ergebnis ist: Die extremistischen politischen Lager radikalisieren sich, die Gesellschaft wird in eine Eskalationsspirale manövriert. Auf der Strecke bleiben Freiheit und Liberalismus, Demokratie und Dialog.

Rainer Maria Rilkes berühmter Vers „Du musst Dein Leben ändern" wird zu einem neuen kategorischen Imperativ des Verzichts, der immer mehr Lebensbereiche umfasst. Ob Reisen oder Essen: Radikale Askese hat religiöse Wurzeln. Die Erwartung des Weltendes, die Bekehrung der Menschen zum wahren Glauben und Leben zeichnen eine Welt, in der für Wohlstand, Mobilität und Freiheit wenig Platz ist. Wer im Namen der vermeintlichen Weltverbesserung aggressiv Scham politisiert, wird die Gesellschaft nur weiter spalten. Das scheinbar Gute wird dabei oft nicht als Katalysator der Spaltungen gesehen. Diese Idealisierung schützt allerdings nicht vor den gesellschaftlich desaströsen Auswirkungen und Kosten.

Linke wie rechte Extremisten sind Anhänger absoluter, vereinfachter Wahrheiten. Sie verfangen sich gegenseitig in ihren absoluten Gedankenbildern und lassen keinen Widerspruch zu. Auch wenn beide Bewegungen nur schwer vereinbar sind, ist die Radikalisierung als Folge einer vermeintlich höheren Moral ein gemeinsames Resultat. Radikalisierte Empörung aber schafft nichts Neues, sie ist vielmehr destruktiv. Beide Gedankenbilder beruhen auf der politischen Alternativlosigkeit, was in einer emotionalen Dauererregung und in quasi-totalitären Politikentwürfen enden muss. Demokratie ist aber per se das Denken in Alternativen, Meinungsvielfalt und Toleranz gegenüber anderen. Ein Aufklärer will allerdings selbstständig denken. Die Mobilisierung von rechts außen durch völkische Untergangsszenarien ist sicher aggressiver als die bis weit in die Mitte reichenden öko-apokalyptischen Visionen. Bedrohungen für unsere liberale Demokratie stellen sie aber beide da.

Das populäre Buch Dale Carnegies „Sorge dich nicht, lebe“ heißt bei dem renommierten Autor und Wissenschaftler Steven Pinker „Sorge dich nicht, forsche“. „Verstärken wir also unsere Selbstkontrolle und die Beherrschung unserer Emotionen“[4], rät Pinker darin. Die Menschheit ist dank ihres Wohlstands insgesamt gesünder geworden, ist besser ernährt, friedlicher und besser geschützt vor Naturgefahren sowie -katastrophen. Der klare Blick auf Daten und Fakten ist hilfreich. „Entpörung“ als rationale Distanz hilft, einen nüchternen und sachlichen Blick auf die Wirklichkeit zu bekommen.

Vielleicht gelingt uns so der Austritt aus dem selbstverursachten Pessimismus. Er empfiehlt dafür eine leichte Gewichtsverschiebung im Journalismus zugunsten positiver Nachrichten und die empirische Wissenschaft vom Menschen, die das Zeug dazu hat, den blinden Fleck in der Wahrnehmung zu korrigieren. Das Buch von Hans Rosling, schwedischer Medizinprofessor und Experte für Statistiken: „Factfulness – Wie wir lernen, die Welt so zu sehen, wie sie wirklich ist“ befasst sich mit der Frage, warum Angst und pessimistische Visionen die Denkweise der Menschen beeinflussen, obwohl die Welt eigentlich immer besser wird. Trotz schnell steigender Weltbevölkerung wächst die Mittelschicht, der Zugang zu Bildung, Arbeit und Gesundheit verbessert sich. „Es ist kein Wunder, dass wir in der Illusion ständiger Verschlechterung leben. Die Medien versorgen uns unablässig mit Berichten über schlimme Ereignisse in der Gegenwart."[5]

Rationale Distanz ist eine Antwort auf die emotionale, moralisierende Dauer-Empörung. Eine linke politische Korrektheit, die zur Sprachpolizei ausartet, trägt auch dazu bei, als Gegenreaktion den Rechts-Populismus zu stärken. Aus dieser Eskalationsspirale entsteht nur mehr Konfrontation und eine Aushöhlung der politischen und gesellschaftlichen Mitte.

Die „identitäre" Gemeinschaft stiftet zwar für manche Geborgenheit, nimmt dem Einzelnen aber Raum zur Entfaltung. Radikale Bewegungen haben per se keinen Platz für Minderheiten, Andersdenkende und Individualismus. Wenn sich Politik mit Glauben mischt, werden emotional Erlösung und Utopien versprochen. Liberale Skepsis ist ein Gegengewicht zu Populismus und Radikalismus. Wer trotz aller berechtigten Kritik an demokratischen Prozeduren, mühsam verhandelten Kompromissen und Verfahren festhält, der sollte skeptisch sein gegenüber großen Visionen und Heilsversprechungen. Das langsame Bohren dicker Bretter mag mühsam und langsam wirken, ist aber der beste Schutz vor emotionalem Überschwang. „Unser Wissen ist kritisches Raten", postulierte der Philosoph Karl Popper, die Wissenschaft gehe von „offenen Problemen" aus und ende in „offenen Problemen". Politik darf sich für Popper eben nicht an großen Visionen oder an vermeintlich geschichtlichen Notwendigkeiten orientieren, sondern muss in kleinen Schritten voranschreiten: *„piecemeal social engineering"*. Politik braucht Mut und klare Ziele, aber keine absolutistischen Ansprüche.

Wir haben zu allem eine Meinung, aber kaum noch Argumente – es wird Zeit für eine neue Aufklärungsbewegung! Michael Hampe zeigt, warum auch die Dritte Aufklärung nur eine Bildungsbewegung sein kann. Wir brauchen wieder gemeinsame kulturelle Projekte, aus denen Sinn und nicht nur Reichtum entsteht, um weder Gewalt, Grausamkeit noch Illusionen als Ersatz-Intensitäten in unserer Lebenserfahrung zu verfallen. Solche kollektiven Projekte und die mit ihnen einhergehenden Erfahrungen von Intensität entstehen aus Bildungsprozessen. Dabei geht es Hampe nicht um Elitenbildung. Es geht um den Erwerb einer gemeinschaftlichen Kreativität, die uns den Mut und die Mündigkeit verleiht, die Zukunft nicht einfach nur zu beobachten, sondern zu gestalten. Die Stärkung einer leistungsfähigen und streitbaren liberalen Demokratie ist ein Schlüssel, um die offene Gesellschaft zu stärken. Zivilisierte Online-Debatten sind genauso wichtig wie ein neues republikanisches Ethos.

Die Verrohung der Sprache wird nicht nur in Deutschland im Wesentlichen den Rechtspopulisten vorgeworfen. Aber auch die hysterische Sprache der Klimabewegung bemüht einen moralischen Streit der Guten gegen die Bösen, der keine Versöhnung zulässt. Die liberale Demokratie lebt von Ambivalenz und Pluralität, von komplexen Prozessen und Kompromissen. Die epochalen Herausforderungen von Migration und Klimawandel werden weder durch moralisierendes Schwarz-Weiß-Denken noch durch eine ökologisch-sozialistische Transformation gelöst, sondern vielmehr massiv verschärft.

In der Welt der ständigen Vernetzung und Gleichzeit sind Hassprediger und Angst-Unternehmer von rechts und links eine Gefahr. Aber auch die Empörten und Beleidigten tragen zur ständigen Spirale der Polarisierung bei, was die offenen und freien Gesellschaften im Kern gefährdet, da so Diskurs und Kompromiss verunmöglicht werden. Ob rechts oder links aus allem ein identitärer Aufschrei produziert wird: Die Agenda der Angst-Unternehmer spaltet und macht die Gesellschaft unfrei.

Anmerkungen

Die neuen Antipoden: It's the identity, stupid!

[1] https://www.foreignaffairs.com/articles/americas/2018-08-14/against-identity-politics-tribalism-francis-fukuyama
[2] Rorty, Richard: Achieving Our Country: Leftist Thought in Twentieth-century America, Harvard University Press, 1999
[3] Reckwitz, Andreas: Die Gesellschaft der Singularitäten, Berlin 2017
[4] Siehe auch Petersen, Thomas: „Wer sagt Ihnen, dass die Journalisten nicht Recht haben? Empirische Befunde über das Verhältnis von Wissenschaft und Medien sowie zur Risikowahrnehmung der Bevölkerung" (https://www.kernd.eu/kernd-wAssets/docs/fachzeitschrift-atw/2012/atw2012_06_wer_sagt_ihnen_dass_die_journalisten_nicht_recht_haben.pdf)
[5] https://www.n-tv.de/politik/Die-Gruenen-tragen-zur-Polarisierung-bei-article20671977.html

Identitätsbedürfnis und Empörungskultur

[1] Siehe auch Petersen, Thomas: „Wer sagt Ihnen, dass die Journalisten nicht Recht haben? Empirische Befunde über das Verhältnis von Wissenschaft und Medien sowie zur Risikowahrnehmung der Bevölkerung" (https://www.kernd.eu/kernd-wAssets/docs/fachzeitschrift-atw/2012/atw2012_06_wer_sagt_ihnen_dass_die_journalisten_nicht_recht_haben.pdf)
[2] Luhmann, Niklas; Horster, Detlef (Hrsg.): Die Moral der Gesellschaft. Orig.-Ausg., 4. Aufl., Frankfurt am Main 2016

[3] Fukuyama, Francis; Simon and Schuster, 2006

[4] https://www.auswaertiges-amt.de/de/newsroom/160215-bm-bertelsmann-forum/278660

[5] http://carta.info/die-welt-ist-nicht-aus-den-fugen-warum-kommt-es-uns-trotzdem-vor/

[6] Frank Furedi; Johannes Richardt (Hrsg.): Die sortierte Gesellschaft: Zur Kritik der Identitätspolitik, Novo Argumente Verlag, 2018

[7] Vgl. Furedi, Frank: Die verborgene Geschichte der Identitätspolitik, in: Richardt, Johannes (Hrsg.): Die sortierte Gesellschaft. Zur Kritik der Identitätspolitik, 2018

[8] https://www.faz.net/aktuell/feuilleton/bilder-und-zeiten/interview/julia-kristeva-im-gespraech-sprich-ueber-deine-schatten-12171496.html

[9] https://www.welt.de/newsticker/dpa_nt/infoline_nt/schlaglichter_nt/article106162027/Praeses-Schneider-stellt-Empoerungskultur-in-Frage.html

[10] https://www.heise.de/newsticker/meldung/EKD-Praesesskeptisch-ueber-Netz-Anonymitaet-1517379.html

[11] https://www.piqd.de/technologie-gesellschaft/social-media-als-marktplatz-fur-eskalierenden-emporungs-wettbewerb-2e4c7fe9-14a1-4265-b99d-b4b777ae08f0

[12] https://www.suedkurier.de/ueberregional/panorama/netzentdecker/Beschleunigung-des-Grauens-Warum-das-Internet-die-groesste-Angstmaschine-der-Welt-ist;art1369352,10247731

[13] Zweig, Stefan: Triumph und Tragödie des Erasmus von Rotterdam, S. 7 (http://www.literaturdownload.at/pdf/Stefan%20Zweig%20-%20Erasmus%20von%20Rotterdam.pdf)

[14] Weber, Max: Politik als Beruf, München und Leipzig 1919

Spaltende Moralisierung

[1] Haidt, Jonathan: The Righteous Mind: Why Good People are Divided by Politics and Religion, New York 2012

[2] Emcke, Carolin: Gegen den Hass, Frankfurt am Main 2016

[3] Lübbe, Hermann: Politischer Moralismus. Der Triumph der Gesinnung über die Urteilskraft, Berlin 1987

[4] https://www.wiwo.de/politik/deutschland/anders-gesagt-poli tischer-moralismus-fuehrt-in-die-unmoral/24481306.html
[5] Stegemann, Bernd: Moralfalle. Für eine Befreiung linker Politik, Berlin 2018
[6] Bauer, Thomas: Die Vereindeutigung der Welt: Über den Verlust an Mehrdeutigkeit und Vielfalt. [Was bedeutet das alles?] 2., durchgesehene Auflage, Nachdruck, Stuttgart 2018, S. 81
[7] https://www.deutschlandfunk.de/suedseekoenig-statt-neger koenig.862.de.html?dram:article_id=123714
[8] https://www.bbc.com/news/world-us-canada-50239261
[9] https://www.hochschulverband.de/pressemitteilung.html?&no_cache=1&tx_ttnews%5Btt_news%5D=311&cHash=654d6bd0a6a747f0b20e53f722978ed5#
[10] Plessner, Helmut: Grenzen der Gemeinschaft. 2. Auflage, Frankfurt am Main 2002
[11] https://www.cicero.de/kultur/kirchentag-gruen-toleranz-dis kurs/plus
[12] Vgl. Petersen, Thomas: Christentum und Islam in Deutschland – Demoskopische Perspektiven
[13] https://www.evangelisch.de/inhalte/156741/18-06-2019/fdp-politiker-kritisiert-einseitige-politische-ausrichtung-des-kirchen tags-dortmund
[14] Novalis: Fragmente. Erste, vollständig geordnete Ausgabe, hg. von Ernst Kamnitzer, Jess Verlag, Dresden 1929
[15] https://www.spiegel.de/spiegel/print/d-52809348.html
[16] https://www.weser-kurier.de/startseite_artikel,-wir-waren-im-rausch-verrueckter-selbstueberschaetzung-_arid,1687061.html
[17] https://www.zeit-verlagsgruppe.de/presse/2011/10/joachimgauck-antikapitalismusdebatte-ist-unsaglich-albern/

Angst-Unternehmer Greta und Trump: Vaterland und Mutter Natur

[1] Thunberg, Greta & Svante, Ernman, Beata & Malena: Szenen aus dem Herzen. Unser Leben für das Klima, 2019
[2] https://www.youtube.com/watch?v=htvxc0Wg7sA

[3] https://www.focus.de/politik/ausland/will-zeit-nicht-mit-tref fen-verschwenden-vor-segeltoern-in-die-usa-greta-thunberg-macht-knallhart-absage-an-donald-trump_id_11013417.html
[4] https://www.welt.de/vermischtes/article187693472/Greta-Thunberg-in-Davos-Ich-will-dass-ihr-in-Panik-geratet.html
[5] https://www.fridaysforfuture.org/greta-speeches#greta_speech _jan25_2019
[6] https://www.merkur.de/politik/greta-thunberg-emotionale-rede-beim-un-klimagipfel-im-wortlaut-und-mit-video-zr-1303 1691.html
[7] Vgl. https://www.diepresse.com/5110103/donald-trump-held-der-zornigen-angstlichen-weissen
[8] https://twitter.com/janboehm/status/1092007059007131648? lang=de
[9] https://www.zeit.de/politik/deutschland/2019-03/identitaets politik-kommunismus-arbeiterklasse-diskriminierung-emanzi pation-karl-marx/seite-2
[10] https://www.ipg-journal.de/interviews/artikel/die-gruenen-sind-nicht-das-vorbild-3055/
[11] https://www.n-tv.de/politik/Die-Gruenen-tragen-zur-Polari sierung-bei-article20671977.html
[12] https://www.zdf.de/nachrichten/heute/tsg-vergleicht-gruene-mit-afd-100.html. https://www.faz.net/aktuell/politik/inland/ spd-uebergangschef-schaefer-guembel-fordert-bundesweiten-mietdeckel-16235987.html
[13] https://europeangreens.eu/sites/europeangreens.eu/files/ 2009_Manifesto.pdf
[14] https://www.gruene.de/artikel/vom-schwierigen-verhaeltnis-zwischen-gruen-und-wissenschaft
[15] https://www.welt.de/politik/deutschland/plus191278195/Ger man-Angst-Frank-Biess-ueber-die-Aengste-der-Deutschen. html?wtrid=onsite.onsitesearch
[16] https://www.tagesschau.de/inland/gauck-toleranz-rechts-101. html.
[17] https://www.zeit.de/news/2017-01/18/parteien-die-hoecke-rede-von-dresden-in-wortlaut-auszuegen-18171207
[18] Fücks, Ralf: Freiheit verteidigen: Wie wir den Kampf um die offene Gesellschaft gewinnen, 2017

[19] http://www.bpb.de/politik/extremismus/rechtsextremismus/211922/gruene-braune

[20] Siehe auch die Parallelen zwischen Ökologiebewegung und Religionen bei Thomas Petersen, in: Petersen, Thomas: Christentum und Islam – Demoskopische Perspektiven, S. 8

Ökoritäres Denken: der grüne Flirt mit Öko-Diktatur und Gewalt

[1] https://www.welt.de/kultur/plus189016671/Raphael-Samuel-Der-Sohn-der-nicht-gezeugt-werden-wollte.html

[2] https://www.spiegel.de/karriere/verena-brunschweiger-lehrerin-schreibt-manifest-gegen-das-kinder-kriegen-a-1256963.html

[3] https://kurier.at/leben/deutsche-autorin-kein-baby-bekommen-der-umwelt-zuliebe/400422593

[4] https://www.krone.at/1946245

[5] https://www.westfalen-blatt.de/Ueberregional/Meinung/3953062-Kommentar-zum-SUV-Verbot-Nicht-anders-als-die-AfD

[6] https://www.wz.de/nrw/duesseldorf/innogy-manager-guenther-nach-saeureanschlag-alles-in-allem-glueck-gehabt_aid-25315761

[7] https://polizei.nrw/pressemitteilung/verfassungsschutzbericht-2018-mehr-politisch-motivierte-gewalt-durch-extremisten

[8] https://hambacherforst.org/blog/2018/12/25/alle-jahre-wieder/

[9] https://ruhrkultour.de/die-neue-hambi-romantik-mit-kuscheltier-und-kalaschnikow/

[10] https://www.deutschlandfunkkultur.de/debatte-um-klimawandel-die-totalitaere-angst-vor-dem.2162.de.html?dram:article_id=455916

[11] https://taz.de/Kolumne-Der-rote-Faden/!5597166/

[12] https://taz.de/Umweltpolitik-in-Europa/!5548970/

[13] https://www.freitag.de/autoren/der-freitag/der-gaertner-wird-zum-bock

[14] Sean Sweeney, Another Energy is Possible, Heinrich Böll Stiftung 2018, Vol. 44.2 of the Publication Series Ecology, 8–9

[15] https://www.welt.de/print/welt_kompakt/print_wirtschaft/article196382015/Bei-der-Klimakrise-kann-man-nicht-weit-genug-gehen.html
[16] https://de.wikipedia.org/wiki/Deutsche_Notstandsgesetze
[17] http://dip21.bundestag.de/dip21/btd/19/045/1904522.pdf
[18] https://www.solarify.eu/2019/02/11/280-umstrittenes-staats ziel-klimaschutz/
[19] http://www.umweltruf.de/2019_Programm/news/news3.php3?nummer=1018
[20] Fücks, Ralf: Freiheit verteidigen. Wie wir den Kampf um die offene Gesellschaft gewinnen, Berlin, 2017
[21] http://www.ecomodernism.org/deutsch/

Sortierte Lebenswelten: der Verlust des Privaten und der Vielfalt

[1] https://www.wbur.org/radioboston/2019/03/11/study-suggests-suffolk-county-is-the-most-politically-intolerant-place-nationwide
[2] https://www.nzz.ch/feuilleton/niall-ferguson-als-rechter-bist-du-ein-potenzieller-nazi-sozialisten-und-kommunisten-hin gegen-sind-moralisch-einwandfreie-sozialdemokraten-ld.1467954
[3] https://genderate.wordpress.com/2018/10/04/grievance-studies/
[4] https://www.spiegel.de/wissenschaft/natur/penis-schuld-am-klimawandel-forscher-narren-fachmagazin-a-1148845.html
[5] https://www.faz.net/aktuell/politik/inland/allensbach-umfrage-ueber-meinungsfreiheit-und-kritische-themen-16200724.html
[6] https://www.faz.net/aktuell/politik/inland/allensbach-umfrage-ueber-meinungsfreiheit-und-kritische-themen-16200724.html
[7] https://fazarchiv.faz.net/document/FAZ__FD2201812205595053?offset=&all=
[8] https://www.welt.de/kultur/article198030497/Kevin-Spacey-und-die-Dialektik-der-Cancel-Culture.html
[9] https://fazarchiv.faz.net/document/FAZ__FD2201812205595053?offset=&all=

[10] https://www.welt.de/politik/deutschland/plus192104093/Bischof-Heiner-Koch-Greta-Thunberg-steht-fuer-prophetische-Botschaft.html

Die autoritäre Versuchung

[1] https://fazarchiv.faz.net/document/FAZ__FD3201601274771785?offset=&all=
[2] Stenner, Karen: The Authoritarian Dynamic, Cambridge 2005.
[3] https://www.nytimes.com/2016/11/20/opinion/sunday/the-end-of-identity-liberalism.html
[4] www.freiheit.org/dahrendorf-acht-anmerkungen-zum-populismus
[5] The Road to Somewhere. The Populist Revolt and the Future of Politics, London: Hurst & Company“
[6] https://gegneranalyse.de/der-alte-hass-der-neuen-rechten/
[7] Vgl. „Das Extremismuspotenzial in Deutschland. Ergebnisse einer Repräsentativumfrage im Auftrag der Gedenkstätte Berlin-Hohenschönhausen“ vom Institut für Demoskopie Allensbach vom Februar/März 2019

Raus aus „Null“ und „Eins“: Binäre Aufklärung

[1] https://www.brainpickings.org/2016/09/02/it-from-bit-wheeler/
[2] https://www.spiegel.de/spiegel/print/d-67768132.html
[3] Cole, Tim; Urchs; Ossi: Digitale Aufklärung: Warum uns das Internet klüger macht, München 2013

Pumpkapitalismus und Populismus: Die Rückkehr des Ökonomischen

[1] https://www.ifo.de/DocDL/dice-report-2017-4-funke-trebesch-december.pdf

[2] https://www.spiegel.de/wirtschaft/soziales/schulden-der-welt-mckinsey-studie-belegt-deutlichen-anstieg-a-1016749.html
[3] https://www.project-syndicate.org/commentary/robert-jshiller-worries-that-too-many-people-are-losing-confidence-in-the-future- -and-in-democratic-institutions?barrier=accesspay log
[4] http://think-beyondtheobvious.com/stelters-lektuere/piketty-credit-suisse-und-nun-oxfam-symptome-statt-ursache/
[5] https://www.bundesbank.de/de/presse/reden/die-rolle-der-zentralbanken-in-zeiten-von-populismus-und-fake-news-796188

Universalismus und Aufklärung statt Identitätspolitik und Romantik

[1] https://www.zeit.de/politik/ausland/2016–01/medienreform-polen-kritik-eu-kommission
[2] https://www.deutschlandfunkkultur.de/streitkultur-in-der-krise-ist-die-akademische-debatte-noch.1008.de.html?dram:article_id=398477
[3] https://www.welt.de/geschichte/article172092980/Goetz-Aly-Es-gibt-Parallelen-zwischen-NS-und-68er-Generation.html
[4] https://www.piqd.de/medien-gesellschaft/warum-der-pessimismus-dominiert-steven-pinker-im-interview
[5] https://www.faz.net/aktuell/wirtschaft/die-welt-wird-immer-besser-32-gute-nachrichten-15524076.html

Letzter Zugriff für alle Internetquellen: 19. November 2019